わたしの旅ブックス
028

シェルパ斉藤の親子旅20年物語

斉藤政喜

産業編集センター

はじめに

バルセロナオリンピックが開催された1992年7月。僕は作家になり、父親にもなった。小学館のアウトドア雑誌ビーパルで連載していた東海自然歩道踏破の紀行文を出版したタイミングで、妻が長男を出産したのだ。

初の著作は東海自然歩道踏破に費やした歩数から『213万歩の旅』と名づけ、長男は『一歩《いっぽ》』と名づけた。

僕は父親になる自信がなかった。

子供ができたと妻に告げられたときは、喜びの表情を妻に見せたものの、内心はうろたえていた。父親になることが怖かった。

僕は子供が苦手だったし、実父は家族を捨てて夜逃げした過去があり、その血が自分には流れている。『シェルパ斉藤』のペンネームでビーパルに連載を持っていたものの、明日の保証もないフリーランスの身である自分が父親としてやっていけるか、不安を感じていた。

妻の出産につきあい、生まれたばかりの息子をこの手で抱いたことで父親になった実感は得られたが、その不安は払拭できなかった。

僕は旅に出た。産休に入った妻が一歩を連れてしばらく実家で過ごすことになり、僕はそれに乗じて日本を飛び出し、北アフリカのモロッコを自転車で走る旅に出たのである。いわば現実逃避をしたわけだが、そんな情けない父親の僕に対して妻は「私たちのことは気にしなくていいから、納得いくまで旅をしたらいいわ」と快く送り出してくれた。

そして何もないサハラの砂漠で何日間もひとりで過ごしているうちに、僕は家族と暮らしたい思いが強くなった。独身時代と違って、長い間ひとりで過ごすことにそれほど魅力を感じない自分に、辺境の砂漠で気づいたのだ。

1ヶ月の旅を終えて日本に帰り、部屋のドアを開けると、そこには笑顔の妻と、妻に抱かれた生後3ヶ月の一歩がいた。僕の顔など覚えているはずもないのに、一歩は僕を見てニッコリと微笑み、小さな手を差し出した。

涙が出そうになった僕は一歩を抱きしめた。

覚悟が生まれた。この子とだったら僕は父親になれる。これからは父親として家族とともに生きていこう。一歩とともに自分も成長していこうと心に誓った。

その日から僕は父親の自覚が芽生えた。職場に復帰した妻と交互に保育園の送り迎えをしたり、オムツ交換するなど、積極的に育児を楽しめるようになった。全力で家族を守ることが自分の使命であり、それが自分の生きがいに感じられた。

仕事も順調になった。アウトドアブームに乗って『213万歩の旅』は売れ、ビーパルの新連載も好評で、その連載をまとめた本も版を重ねた。ラジオのレギュラー出演や講演依頼も多くなり、収入が増えてお金も貯まった。

そして一歩が3歳になった年に転機が訪れた。自分たちの手で家を作るために、東京を離れて八ヶ岳山麓に移住したのである。

妻は、自分の手で自分が暮らす家を作ることが昔からの夢だった。僕は東京の暮らしに不満はなかったが、妻が立て続けに流産したことで心が動いた。東京の住環境が2度の流産をまねいたように思えたし、妻の夢を実現させてあげたくなった。「家族を持ったオスは巣を作って家族を守るでしょ」という妻の言葉に勇気づけられ、僕は決心を固めた。

会社に通う必要がないフリーランスの身だし、旅に出て旅を書く作家なんだから東京で暮らそうが、田舎で暮らそうが、どこでもやっていけるはずだ。それに作家は「作る家」と書く。自分の手で家を作ったら本物の作家になれる。自然に恵まれた田舎で新たなライフスタイルを構築して、作家活動をスタートさせようと決めた。

家づくりに関しては素人だったけど、最高の仲間に恵まれ、旅の延長みたいな充実した建築の日々が過ぎ、丸太を積み上げたログハウスは完成した。

東京を離れることで減収を覚悟したが、むしろ作家としての収入が増えたし、本も順調に売れた。ローンを組むことなく、有り金すべてで家を作ることができたので、共働きで家賃を払っていた東京の暮らしよりも精神的に裕福になった。薪ストーブで暖をとったり、焚き火を楽しむ心豊かなスローライフにわが家はシフトした。

一歩に続く家族としてゴールデン・レトリーバーの『ニホ』を迎え、さらにラブラドール・レトリーバーの『サンポ』も加わった。そして移住して3年目の冬には待望の第2子が誕生し、僕は二児の父親になった。1998年のことである。

本書の長い物語は、父親としての自覚がさらに強まったその時代から幕を開ける——。

シェルパ斉藤の親子旅20年物語―目次

［本文写真］斉藤政喜

第1章 はじめての親子旅

1998-1999年　僕：37歳　一歩：6歳

四国・関西をめぐる列車の旅と親子ヒッチハイク

息子とふたりで旅に出ようと思った。

僕はひとり旅を愛しているが、家族と一緒に旅をするのも大好きで、機会あるごとに家族で日本各地を旅してきた。でも、一歩とふたりだけで旅に出たことは一度もない。

7月に6歳の誕生日を迎えた一歩は、来年の4月から小学校に入学する。これまでのように親に頼りきりのべったりとした関係から、やがては親と距離を置くようになっていくその節目として、小学校へ入る前にふたりだけで旅をしたいと思い立ったのである。

その旨を妻に伝えると、妻は「いいわよ」とあっさり許してくれた。じつは妻はすでに1年前に一歩とふたりだけで日本一周の旅を経験している。それは七五三を祝う旅で、お参りやお祝いなどはいっさいしない代わりに、1ヶ月かけて全国の知人を訪ね歩いたのである。そのとき僕は留守番をさせられたから、今度は自分が家に残る番と覚悟しているようだ。

旅の日程は保育園の運動会が終わる9月下旬の1週間とし、まだ一歩が訪れたことがない四国を旅先に選んだ。

まずは夏に登場したばかりの新型寝台列車『サンライズ瀬戸』で高松に入り、そのあとはなりゆきと好奇心で行き先を決める、得意の『行きあたりばっ旅』だ。

僕は保育園から帰ってきた一歩に告げた。

「なあ、一歩。おとうさんとふたりで旅に出よう」

「え？　おかあさんは？」

「おかあさんと南歩《なんぽ》は留守番。おとうさんとふたりだけで旅に出るんだ」

「………。いかない」

「なんでだ！」

「おかあさんといっしょがいい」

この1、2年、父親の宿命として一歩をきつく叱る機会が増えたためか、一歩が妻に偏りつつあることを僕も実感していた。だからこそ、一歩とふたりで旅がしたいのである。

「旅に出たら、電車にたくさん乗せてあげようと思ってるんだけどなあ……。行かないんならいいや」

「いく！」

電車という言葉を聞いて、一歩の目の色が変わった。一歩は1歳になる前から鉄道が大好きで、どんなに機嫌が悪くても電車に乗せればニコニコ顔になる赤ん坊だった。

その傾向は年齢とともに加速していき、一歩の将来の夢を尋ねると、「でんしゃのうんてんしゅ！」という答えがすぐに返ってくる。

「いろいろな電車に乗せてあげるけど、そのかわり絶対に文句を言うなよ。途中で家に帰りたいとかって、言っちゃやだめだぞ」

「うん。わかった」

一歩との旅では先輩にあたる妻にアドバイスを求めたら、ポイントをいくつか伝授してくれた。

まず、旅の間はのんびり屋の一歩のペースで行動すること。なにごとも急かしてはいけない。お気に入りのおもちゃを持っていくこと。いつも遊んでいるレゴのブロックがあれば、一歩はどこでも自分の世界に入り込んでロボットや乗り物を組み立ててひとり遊びを楽しむらしい。自分の着替えやおもちゃなどは、自分で持たせること。お菓子は1日ひとつにする。そしてジュースは飲ませず、水筒に入れた水を飲ませること。

「『早くしなさい』とか、叱ったらだめよ。旅に出ている間はあの子なりに緊張しているんだから。でも、甘やかすのもだめ。一歩の意見を聞きつつ、おとうさんがリードしていけばいいの。一歩の視点で旅するのって新鮮でおもしろいわよ。なにごともほどほどにね」

「ふーん。ほどほどに、か……」

妻のアドバイスを聞いているうちに、ひとりで旅に出るときとは違った緊張と期待が高まってきた。

父と子の旅って、いったいどんな旅になるのだろう?

「すーぱーあずさにのるんだよね」

小淵沢駅に着いたときから、一歩は興奮状態にあった。中央本線の『スーパーあずさ』は一歩のお気に入りの特急列車のひとつだ。うれしくてたまらない一歩の顔を見ていると、こちらも幸せな気分になってくる。

「じゃあ、いってきます！」

「いってらっしゃい。楽しんでおいで」

妻と8ヶ月の次男、南歩。それに愛犬ニホとサンポに見送られて、僕と一歩は改札口を抜けた。一歩は未就学児だから、切符は僕ひとりだけですむ。それも、一歩が小学校に上がる前に旅をしたかった理由のひとつでもある。

ホームに立つと、線路の向こう側に妻と南歩の姿が見えた。一歩が「おかあさん、なんぽ、いってきます！」と元気な声で手を振った。

小淵沢発19時15分発の『スーパーあずさ』に乗れば、新宿に21時6分に着く。夜行寝台列車『サンライズ瀬戸』は東京駅発22時だから、乗り換えは余裕で間に合うはずである。

ところが、列車は発車時刻になってもやってこなかった。不審に思っていたら、駅のアナウンスが鳴った。

「お客様にお知らせいたします。松本付近で人身事故が起きた関係で、列車は30分ほど遅れて運行しております」

なんてこった！　せっかくの息子とのふたり旅なのに、最初からこの展開はないだろう。30分遅れるということは、新宿駅で降りてから東京駅の列車に乗るまでの時間が20分ちょっとしかないことになる。物理的には可能な数字だが、新宿駅から東京駅まで行く中央線の電車がタイミングよく来なかったり、東京駅に着いてから『サンライズ瀬戸』のホームまでが遠かったら、じつに厳しい時間になる。僕ひとりなら駆けていけるが、一歩が一緒ではそれもできない……。

まあいいか。乗れなかったら東京で僕が借りている仕事場に泊まって、明日また出発し直せばいい。列車が遅れるという正当な理由なんだから、切符の払い戻しもできるはずだ。急がなければならない理由はそれほどない。

列車が遅れているから先に帰るようにと妻に伝えたが、妻は南歩を抱いたまま列車の到着を線路の向こうでずっと待っていた。

そして30分近く経ってようやく『スーパーあずさ』はやってきた。大好きな列車に乗り込んだ一歩は舞い上がってはいるものの、列車が動き始めても、列車の窓越しに見える妻と南歩にいつまでも手を振っていた。

駅に到着するたびに乗務員は列車が遅れていることをアナウンスしたが、遅延時間はしだいに長くなり、40分近くの遅れになってしまった。

「なあ、一歩。今日は東京に泊まって、明日出発しようか」

「………。どっちでもいい」

そんな会話をしていたら、「東京22時発の最終『のぞみ』に乗車されるお客様は、乗務員までお知らせください」という車内アナウンスが流れた。

新幹線ではないが、東京22時発には変わらない。乗務員が通りかかったときに切符を見せて『サンライズ瀬戸』に乗ることを話した。

「わかりました。ちゃんと乗れるようにいたします。ご安心ください」

乗務員はそう言ったが、どうするというのだろう。まあともかく、新宿駅に着く前に僕らは指示どおり、乗務員室のすぐ近くのシートへ移った。

新宿駅に着くと、駅員が僕と一歩を迎えた。

「こちらです、どうぞ」

駅員の誘導で5番ホームに向かう。東京行きの快速電車が到着すると、駅員は乗っていた電車の乗務員に「こちらのふたりです」と僕らを引き渡した。

こういうケースではJRがマンツーマンで対処してくれるみたいである。僕が持っている切符は料金が高い寝台切符ではなく、半分以下の料金のノビノビ座席切符で、しかも一歩は切符を持っていないのである。言ってみれば3等の乗客である子連れバックパッカーの僕と一歩をVIPのように対応してくれているのだ。それがおかしかったし、他の乗客に対して誇らしい気もした。

東京駅に到着したのは出発3分前だった。やはり駅員が僕らを出迎え、「こちらです」と誘導してくれた。

そして停車していた『サンライズ瀬戸』に僕らが乗り込むとすぐに扉が閉まって、列車はゆっくりと動き始めた。

JRのサービスはえらいなあと感心したが、食べ物や飲み物を何も持っていないことに気づいた。この寝台列車には車内販売も食堂車もない。発車までに売店でビールやお弁当を買うつもりでいたのに、そんな時間はまったくなかった。

僕は不満に思ったが、列車が大好きな一歩の目は輝きっぱなしである。その表情を見たら、まあいいかと思うようになった。

『サンライズ瀬戸』はベッドがある寝台車両とは別の特殊な車両がある。1畳くらいのカーペット敷きが上下2段に並んでいる車両で、ノビノビ座席と呼ばれている。僕の切符はそれで、寝台料金はいらない。つまり寝ることができる普通席の扱いになっており、東京から高松まで乗車券込みで1万4670円ですむのだ。

僕は寝袋を出して横になったが、一歩は座ったまま窓の外をじっと眺めている。鉄道がそれほど好きでない僕は、何が楽しいのだろうと思うのだが、一歩は窓から夜の街の風景を飽きることなく眺めている。

しばらくそうやって眺めていたが、戸塚を過ぎるあたりから眠気が襲い始めたらしく、僕の隣で横になり、やがて寝息を立て始めた。

翌朝、僕が目覚める前から一歩は起き出していて、明るくなり始めた車窓の風景を眺め

高松駅に到着した「サンライズ瀬戸」と一歩。

ていた。

「一歩、おはよう。もうすぐ瀬戸大橋を通るよ。海の上を列車が渡るんだ」

僕がそう説明しても、一歩は意味を理解できなかったようだ。が、実際に瀬戸内海を渡り始めたら「うみだあ！」と興奮した。

高松到着午前7時26分。バックパックを背負って列車を降りたとき、バックパックの軽さを実感した。いつもならテントや寝袋といった野営道具をバックパックに入れているが、今回は洗面用具、着替え、カメラといった普通の旅行用の荷物しか入れていない。まだ6歳の一歩にいきなりテント泊はきついと思ったし、クルマと違って子連れバックパッキングの旅でテントを張る場所を探したり、設営するのは僕にとっても苦労が多い。宿に泊まって列車で移動するパターンで旅することにしたのだ。

昨晩駅弁を買い損ねた僕らは、とりあえず朝食をとることにした。高松といえば讃岐うどんである。高松ならどの店に入っても、はずれがない。

「なあ、一歩。うどんを食べよう。おいしいぞ」

「ぼくはおそばがいい」

「あのなあ、ここはうどんがおいしい街なんだぞ。うどんにしよう」

一歩はざるそばが大好物だが、うどんの本場に来てそばはないだろう。そう思ったが、出発前に妻から一歩の意見を聞くこと、と言われている。僕が一方的に決めつけるのはよくないと思い、とりあえず店に入ってそばを置いてなかったらうどんにしようと、一歩に言い聞かせた。

高松のうどん屋の多くはセルフサービス方式になっていて、まずは麵を丼にとり、わかめやきつねなどを自由に選んでのせてスープをかけてから、お金を払うシステムになっている。この手のうどん屋にそばなど置いてあるはずがない。そう思い込んで店内の壁に貼られたメニューを一歩と見つめた。

「ざ、る、そ、ば……。おとうさん、ざるそばって、かいてあるよ」

最近ようやく字を覚えた一歩が得意そうな笑みを浮かべてそう言った。たしかにざるそばがメニューに入っている。約束は破れないから、出勤前の周囲のおじさんたちがみんなうどんを食べるなか、一歩はひとりでおいしそうにざるそばを食べた。

朝食のあと、琴平電鉄に乗って琴平へ向かった。ここまでは出発前からの計画だ。「こんぴら参り」で知られる金刀比羅宮《ことひらぐう》の参道の石段を一歩と昇ろうと考えていたのである。参道入り口から本宮までが785段、さらに奥社までは583段ある。

行けるところまで行こうと決め、おみやげ屋さんがずらりと並ぶ石段を一歩と昇り始めた。雨は降っていないものの、空はどんよりと曇って蒸し暑い。できれば本宮までは行きたいと思っていたが、300段を超えたところで一歩が弱音を吐いた。

「ぼく、つかれちゃった」

「もう少しがんばろう。おとうさんと一緒に数えながら昇ろう」

1段ずつ石段を数えてさらに100段昇ったが、だんだんと一歩の表情がつらそうに

一歩の目には果てなき石段に映っただろう。

なってきた。常日頃から一歩には「やだ！」という言葉を使ってはいけないと妻が言い聞かせているから口にはしないが、顔が「もういやだ」と語っている。

実際にこの蒸し暑さは僕も不快だし、それにいつものひとり旅と違って一歩のペースで歩いているからどうも調子が狂う。結局、全部で500段昇ったところで降りて戻ることにした。

琴平から先は一歩に行き先をまかせた。まずはJRの駅に行き、来た列車に乗り、多度津へ向かう。多度津では、ちょうど特急列車「しおかぜ」がやってきたので、それに乗って松山をめざした。

松山に着いてすぐに宿を探した。ひとりのときはぶらぶら歩いて何軒か宿を見てから決めるが、子供連れだとあまり歩き回りたくない。駅に近い路地裏のビジネスホテルに泊まることに決めた。

「こんにちは！」

「はい、こんにちは。ぼく、あいさつができてえらいね。いくつ？」

宿のおばさんに尋ねられて、一歩は黙りこくってしまった。人に会ったら大きな声であいさつしろ、と教えてあるからあいさつはするが、それから先のことは教えていないのだ。次男の南歩が誰にでも愛想笑いを浮かべる八方美人であるのと対照的に、一歩は内弁慶で、外で大きな声を出したりもしない。

親としてはふがいなさを感じるのだが、その寡黙な態度が宿のおばさんには好印象だったのか、「賢そうな子やね」とお世辞を言われ、和室の部屋に布団を2組用意するけど、一歩の料金はいらないと言ってくれた。

荷物を宿に置いた僕らは、松山に来たら寄っておきたい道後温泉へ路面電車に乗って向かった。一歩は路面電車にも興味津々だ。いちばん前の席に陣取って、外の景色と運転手さんの操作をじっと眺めている。そのまなざしは真剣だ。自分を顧みて、ここまで夢中になれる対象があるって、うらやましいとつくづく思った。

道後温泉は観光客でいっぱいで、湯船は芋洗い状態だった。僕は圧倒されたが、一歩は「にぎやかでたのしいね」と喜んだ。

夕食は宿の近くのラーメン屋でギョウザとラーメンを食べた。そして家に電話して今日あったことを報告してから、部屋に戻って布団の上でゴロゴロと過ごした。

一歩はデイパックに入れてきたウルトラマンガイアと怪獣のソフト人形で遊んでいたが、いつしか眠りに落ちてしまった。

今日一日を振り返ると、ほとんど一歩のペースで旅をしている。金刀比羅宮を上まで歩けなかったことなど、僕としては不満が少し残っている。でも一歩にまかせて一歩の視点で旅するのも、それなりにおもしろい。僕はこれまで行き先を拾ってくれた人にまかせるヒッチハイクの旅や、犬に行き先をまかせる旅などを行なってきたが、それと同じで、子供に主導権を握らせるのも旅としては新鮮だった。

僕は近くのコンビニに行き、ビールとつまみを買い込んだ。そして一歩の寝顔を眺めながらビールを飲んだ。

息子の寝顔は、ひとりで飲む酒の肴に最高だ。眺めていて飽きることがない。

楽しそうに笑っている一歩の顔が浮かぶし、泣いている一歩の顔も浮かぶ……。

一歩が生まれてからというもの、父親になろうと自分なりに考えて努力もして、一歩を愛してきたつもりだが、ときに叱り、ときに傷つけたりもした。

振り返ると、なぜあんなことをしてしまったんだろう、叩くことはなかった、ああすればよかったのにと、後悔ばかりが浮かんでくる。

「ごめんな、一歩」

息子とふたりの旅の宿で飲んでいるうちに、酔いが回ってセンチメンタルな気分になってしまった。僕は一歩の寝顔に向かって、何度も口に出して謝った。


翌朝は高速船に乗って四国を離れた。四国をまわろうかとも思ったが、大雨によって高知方面へ向かうＪＲ線が不通になっているし、一歩が船にも乗りたいというので、瀬戸内海を渡ることにした。

松山港から広島県の呉港へ向かう高速船は速くて快適で、波を切って突っ走った。

「おとうさん、うみがゆきがっせんしてるよ」

窓の外を眺めていた一歩が言い出したので、なんのことかと一歩の指さすほうを見たら、高速船がかき分けた波が白い泡を立てて躍動していた。物書きの僕よりも文学的な表現をするんだなと、感心した。

呉からはＪＲ呉線で三原方面に向かう。

「く、れ。おとうさん。『くれ』だって」

駅のプラットホームにはひらがなで駅名が書いてある。ひらがなを覚えた一歩は、それを読むのが楽しいらしく、駅に着くたびに駅名を読みあげてニッコリ笑った。

一歩は空手を習っているが、それ以外の勉強関係の習い事は何もしていない。ひらがなに関しても、一歩が教えてと言うまで教えはしなかった。文字なんて一度覚えたら、一生頭から離れることはできないのである。放っておいても一歩はやがて文字を身につけることだろう。見方を変えれば、文字が読めない時期は一生のうちのわずかな時間でしかない。むしろ貴重な時間じゃないかと思う。物事を文字ではなく、感性だけで見つめられるなんて、とてもすばらしいことではないか、という理由から僕らは一歩に文字を教えなかった。教えるのが面倒でもあったんだけど……。

三原からはJRを乗り継ぎ、笠岡港に着いた。ここには1年以上前に来たことがあり、小さな島からローカルな船で人々が移動するのを見て旅愁を感じた覚えがある。山に囲まれた八ヶ岳に住んでいる一歩に島を見せたいと思い、僕はここに足を運んだ。

これといって行きたい島がなかったので、知り合いの名字と同じ白石島を選んだ。

一歩はとくに喜んでいるふうでもないし、かといってつまらなさそうにしているわけでもない。前日、島に行くことを決めたときは、島が僕らの生活とどう違うのか一歩に話してあげようと思っていたのだが、なんだか面倒に感じてきたし、理屈を並べて説明しようとする自分が嫌になってきたので、余計なことはいっさい言わず、一歩と並んでただ島を歩いた。そして大人一人分の宿代でいいという民宿に泊まった。

オフシーズンだし、平日だから観光客は誰もいない。浜に面した道路には腰の曲がったおばあちゃんと猫がいるだけで、車はまったく通らなかった。僕は一歩を誘って散歩に出かけ、いくつか浮かんだ島影とときおり通る船を眺めた。

夕食後、一歩は家に電話をかけた。

「おかあさん、ぼくたち『しらいしじま』にいるんだよ。うん、そう。うみがあるんだよ。ちがう。でんしゃはない。うん、ばすもない。あのね、しまはふねにのっていくんだよ」

一歩の話をそばで聞いていて、こいつわかってるじゃんと、僕は満足した。

翌日は笠岡に戻ってから岡山に出て、そこから新幹線に乗って神戸に出た。

船で島に渡る。非日常の経験が連続する。それが旅だ。

今夜は大阪の知人の家に泊めてもらうつもりだ。それまで神戸で時間を過ごそうと思い、ポートライナーに乗ってポートピアランドに行き、観覧車やメリーゴーランドに乗って遊園地の1日を過ごした。

乗り物はすべて一歩に選ばせたから、一歩は大喜びだった。僕はこんなことをしていていいのかなと思いつつも、一歩のペースに合わせた。

そして夜、知人宅から家に電話をかけると、電話の向こうで妻が文句を言った。

「なにやってんの！　遊園地で遊んでいて、どこが父と子の旅なのよ。それじゃ、わたしの旅と変わらないじゃない。おとうさんとじゃなきゃできない旅をしなさいよ」

自分でもそう感じていただけに、返す言葉がなかった。

たしかにそうだ。自分が旅が好きだから、息子にも旅を好きになってもらいたいという親の願望があったために、一歩に気に入ってもらおうと変に遠慮してしまった。

自分の息子に気を遣ってどうするんだ。僕は自分がこれまでしてきた旅が好きだし、誇りを持っている。息子にもそれを見せてあげるべきだったのだ。途中で一歩が嫌になったり、トラブルが起きたら、そのとき考えればいい。そういう旅を僕はしてきたはずだ。

妻の意見で目覚めた僕は、明日から旅のスタイルを変えることにした。テントは持っていないから野宿の旅はできないが、ヒッチハイクだったら子連れでもできる。

でもいきなり大阪からは厳しすぎる。一歩に『のぞみ』に乗せてあげると約束した手前、名古屋までは新幹線で行き、名古屋からヒッチハイクのしやすい場所までJRで移動し、そこからヒッチハイクで八ヶ岳の家まで帰ることにした。


名古屋からJR中央本線に乗って僕らが降りた駅は、岐阜県から長野県に入った南木曽《なぎそ》駅である。ここから国道19号に沿って移動していくのがいちばん楽だが、幹線道路はおもしろみにかけるので、観光地として知られる妻籠《つまご》宿を通って山を越え、飯田市から伊那市へ至る国道153号で北上し、伊那市から高遠町を通って、諏訪に出るというルートをとることにした。

まずは国道19号で妻籠宿入り口まで行くクルマをヒッチハイクする。

「いいか、一歩。こうやって親指を立てて手をあげるんだぞ」

「うん。ぼくしってるよ。おかあさんとひっちはいくしたことあるもん」

そういえば去年、妻と旅したときに九州の湯布院でバス停までヒッチハイクしたという話を聞いている。僕らはクルマが停まれるスペースがある場所まで歩き、そこで一歩に左手をあげさせた。

その姿はなかなかさまになっていた。デイパックがポイントになっていて、旅人という雰囲気がする。僕も一歩の後ろに立ち、親子そろって左手をあげた。

子連れの効果はすぐにあった。始めてから1分と経たないうちに、おばさんが運転する軽自動車が停まった。

「あんたひとりじゃ停まらないわよ。こんな小さな子が立ってるんだもん。停まらないわけにはいかないわよ、ねえ」

一歩は「こんにちは」とあいさつはしたものの、そのあとは何もしゃべらず、黙りこくった。緊張している様子がよくわかる。

結局妻籠宿まで乗せてもらい、今度は飯田方面に向けてヒッチハイクを再開した。昼神《ひるがみ》

最初のヒッチハイクで妻籠宿まで移動。順調なスタートだ。

温泉に泊まりに来たというおじさんがすぐに停まってくれて、飯田市郊外の国道153号で僕らを降ろしてくれた。

「どうだ、一歩。ヒッチハイクっておもしろいか?」

「うん、おもしろい」

「どういうところがおもしろい?」

「のせてもらえれば、おうちにかえれるんでしょ」

ヒッチハイクが好きな僕としては「いろんな人に出会えるから」という答えを期待したのだが、6歳の子供がそんな答えをするはずもなかった。

そのあと伊那方面をめざしてヒッチハイクを

したら、10分程度で30歳くらいの男性の運転するエスクードが停まった。飯田市で仕事を終えて、伊那市まで帰るという。

「シェルパ斉藤さんですよね」

その男性は僕を知っていた。ビーパルの読者で、ありがたいことに毎回僕の連載を楽しみに読んでいるそうだ。

僕はここまでどう移動してきたのか、旅の経緯を彼に説明した。一歩は相変わらず黙ったままだったが、だんだんと舟を漕ぎ始め、バッタリとシートに倒れて眠ってしまった。


その日は伊那市のビジネスホテルに泊まり、翌朝、高遠町方面に向けてヒッチハイクを始めた。やはり、子連れだと成功の確率が高い。始めてから5分と経たないうちにクルマが停まった。僕は犬のニホを連れてヒッチハイクをしたりもするが、犬連れの場合だと、クルマはなかなか停まってはくれない。旅先ではニホよりも一歩のほうが役立つことがよくわかった。

高遠から先は、茅野市との境に近い国立少年自然の家で働く男性に乗せてもらった。

「せっかくだから寄っていきますか」と誘われて、国立少年自然の家を案内してもらった。ここは文部省の施設で、自然環境は抜群。朝夕食込みで1泊1200円という格安の料金でログハウスに宿泊できるそうだ。

男性は「ゆっくりしていってください」と言ってくれたが、一歩は不機嫌な顔をしている。どうしたのかと耳元で聞いてみると、「もうすぐ、おうちにかえるんでしょ」と、小さな声で答えた。地図の見方などわからない一歩だが、朝からの僕の態度で家がもうすぐだということがわかったのだろう。好きな列車に乗れなくなったこともあって、早く家に帰りたいに違いない。

男性に茅野市まで送ってもらい、国道20号でヒッチハイクを行なった。すぐにエミーナが停まり、運転していた男性が「こんにちは」と愛想よく迎え入れてくれた。男性は僕が「シェルパ斉藤」だとわかったようである。富士見町まで帰るというので、その途中の諏訪南インター入り口まで乗せてもらった。

「一歩、もうすぐだからな」

「うん。ぼく、ここがどこかしってる」

田舎に住んでいる僕らは月に2度くらいの割合で、諏訪へ買い物に出かける。ここは頻繁に通る、なじみの道路なのだ。

クルマはすぐに停まった。キャリアにMTBを2台積んでいる所沢ナンバーのステーション・ワゴンで、若い男女が乗っていた。

「斉藤さんですよね」

家の近くだからというわけでもないだろうが、またも僕のことを知っていた。ふたりは富士見パノラマスキー場へMTBのダウンヒルをしに来たという。富士見パノラマスキー場はすぐ近くだったが、彼は「いいですよ。自宅まで送ります」と、そこから20km以上離れたわが家まで僕らを乗せていってくれた。

昨日からの2日間、一歩とヒッチハイクの旅を経験して、一歩が予想以上に精神的にタフであることに気づいた。一歩とだったら、僕の旅の原点ともいえる、歩いて野宿するバックパッキングの旅も可能なはずだと、確信した。

「おかあさん、ただいま!」

妻のもとへ駆けていく一歩を見て、ほっとすると同時に、次回は子連れバックパッカーとして旅をしようと決心した。

　来春に一歩が保育園を卒園して小学校に入学するまでの間、バックパッキングの旅に出かけてみよう。場所は歩く旅に最適なフィールド、熊野古道がいい。

　春の熊野古道を、一歩と歩いて、野宿して、旅するのだ。

親子旅ルートマップ

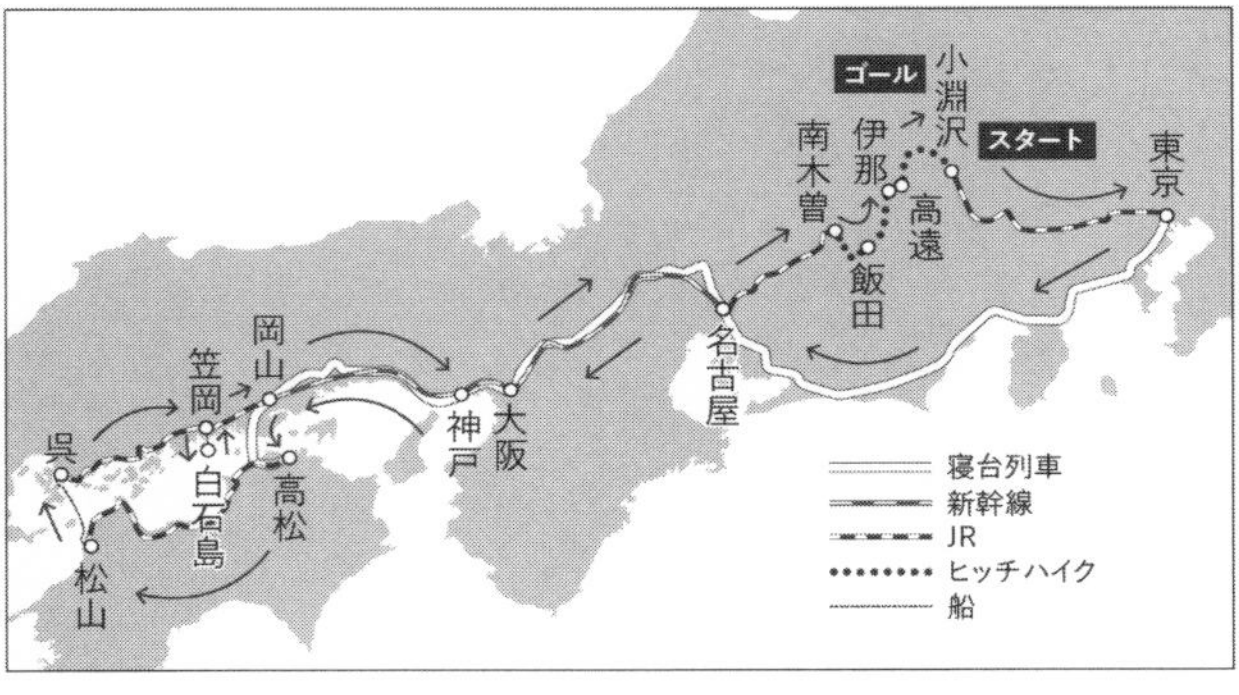

熊野古道で
はじめてのバックパッキングの旅

旅立ちの朝だというのに、心は晴れていなかった。

妻と昨日けんかをしてしまい、いまだに修復できずにいるのだ……。

昨日は一歩の保育園の卒園式で、妻は一歩と列席し、僕は写真とビデオの撮影をまかされて会場に入った。本当は家で南歩の子守をするはずだったが、母が来て南歩の面倒をみてもらえることになり、僕も卒園式会場へ出かけたのだ。

僕は旅先で写真を撮るのは好きだけど、ああいう席での子供の撮影は苦手である。にもかかわらず他のおかあさんたちからも「ついでにうちの子も」と頼まれてしまい、断る勇気がなかった僕は「なんで、僕が……」と苛立ちつつも子供たちを撮影した。そしてひと足先に帰って、なかなか終わらない仕事に焦りを感じつつ執筆に入った。

明日からは一歩と熊野古道を歩く旅に出る。そのためには今日中に原稿を2本あげなければならないのである。

1時間ほどすると「ただいま！」という声とともに、一歩の保育園仲間やおかあさんたちがそろってわが家にやってきた。5〜6人の子供たちの歓声と無遠慮な足音が騒音となり、グランドフロアの仕事場に響く。

ムカッときた。人づきあいが好きな妻は、日頃から客人を招いて楽しんでいるが、なにも明日から出かけるという日に呼ぶことはないだろう。執筆はメンタルな仕事であり、一流でない僕の場合は環境が整わないと集中できない（前日までに仕事を終わらせなかった僕が悪いんだけどね……）。写真とビデオ撮影の件で苛立っていたこともあり、帰ってきた妻を僕は怒鳴りつけた。

「こっちの立場も考えろよ！　今日中に仕事を終えなきゃいけないことくらいわかってぃるだろう。それなのになんで子供たちを呼ぶんだ！　うちは普通の家と違って、僕の仕事場でもあるんだからな」

僕のいきなりの罵声《ばせい》に、妻は声を大にして反論した。

「じゃあ、私たちの生活はどうなるの！　今日は一歩が卒園した大事な日じゃない。子供たちが『一歩くんちに遊びに行きたい』って言ったのよ。みんな長い式で緊張してがんばっていたんだもん。それをくるなって言えるの⁉」

僕には僕の言い分があり、妻には妻の言い分がある。譲歩しなくてはならないのは理屈ではわかっているけれど、売り言葉に買い言葉で勢いがつき、引っ込みがつかなくなってしまった。

これまでだったら遅くとも一晩たてばコロッと忘れて仲直りするのだが、今回は謝ることができないまま時が過ぎ、とうとう旅立ちの朝がやってきたのである。

前回の旅と違って、今回は歩いてテントに泊まるバックパッキングの旅だ。一歩の装備として子供用の寝袋、マット、レインウェアなどを加えなくてはならない。着替えなど、どれを持っていくか妻と相談したいのだが、闘争中なのでじっくり話し合うことができない。しかたがないのでお互いに無言で一歩用の装備を集め、最終的には僕がチェックする方法をとった。一歩は僕らの間の空気を察しているようで、旅に出るというのに浮かない顔をしている。

そして言葉を交わさないまま妻の運転するクルマで、中央本線の小淵沢駅に向かった。

「一歩、いってらっしゃい」

改札口で妻が一歩を送り出したときも、僕は妻の顔を見ないでホームに歩いた。ホームに立つと、駅の外で妻が南歩を抱いてこちらを見つめていた。涙を流しているのか、目が潤んでいるように見えた。

「おかあさん、いってきます！」

「いってらっしゃい！　気をつけてね」

妻がこちらに向かって大きく手を振っていた。いつもの旅立ちと同じ姿を見て、条件反射的に僕は口にしてしまった。

「いってきます。……ごめんね！　僕が悪かった。今度から気をつけます」

「私こそ、ごめんね。一歩、電話ちょうだい」

僕は手を振り続けた。そして一歩に「ほら、もう1回、おかあさんに大きな声で『いってきます』って言おう」と言い、ふたりそろって、大きな声で叫んだ。

「おかあさん！　いってきます！」

やがて『スーパーあずさ』がホームに入り、僕らは妻と南歩に見送られて列車に乗り込んだ。そして席に着いてから一歩に「けんかしてて、ごめんな」と謝った。

険悪な雰囲気が続いて息苦しさをずっと感じていただけに、これまで以上に解放された晴れやかな気持ちで、僕と一歩は旅立つことができた。


羽田空港から飛行機で南紀白浜空港に降り立ち、予約しておいた田辺市の扇ヶ浜ユースホステルに泊まった。

部屋はテレビがついている個室だし、自炊できるキッチンや洗濯場、本が置いてあるリビングなどがあって、宿泊代は非会員でも大人が2800円で、子供が2300円。ひと昔前と違ってわずらわしいミーティングもないし、酒を飲むことだってできる。海外にあるバックパッカー向けの安宿に近い感覚で、僕は好印象を持った。

一歩はいつも見ているテレビ番組『どうぶつ奇想天外』を楽しみにしていたが、春の特別番組のために放映されておらず、デイパックの中からレゴのブロックを出して、今日乗った飛行機と空港づくりに没頭した。

「一歩、明日からテントに泊まるから電気もテレビもないよ。いいか？」

「うん、いいよ」

一歩はきっぱりと答えたが、明日からどういう状況になるのか、おそらくわかっていないんだろう。一歩はキャンプの経験は何度もあるが、それはクルマで移動して人が立てるくらいの大きなテントに家族で泊まるオートキャンプであり、明りがまったくない山の中で2人用の小さなテントに泊まる経験は初めてだ。父と子のふたりでどうやって長い夜を過ごせばいいのか、僕にもよくわからない。

明日は、田辺からバスで中辺路町《なかへち》の滝尻《たきじり》まで行き、そこから2泊3日の予定で熊野古道を歩いて旅しようと考えている。最低でも2日間は風呂に入れないだろうから、一歩とふたりで風呂に入って体をしっかり洗い、午後10時前には寝床に入った。

翌朝、6時30分起床。

空は晴れているが、気温は低い。天気予報は2月下旬の気温に逆戻りしたと伝えている。明日も明後日もこの天気は続くという。

一歩の今日の服装は、グラミチのクライミングパンツにREIのトレーナー、モンベルのジャケット、足元はグランドキングのトレッキングシューズというブランド品で固めた。スタイルから入るバックパッカーとしては文句ないラインアップだが、防寒用のフリースがないことに気づいた。ちょうど1年前に僕は熊野古道の那智勝浦から熊野本宮大社までをゴールデン・レトリーバーのニホと旅しており、そのときは汗ばむ陽気だったから、熊野古道は温暖という印象がある。妻とじっくり話せば忘れなかっただろうが、くだらないけんかをしていたためそういう余裕もなかったのである。寒くなったら一歩の持っている服をすべて着せることにして、僕らは出発した。

バスから降りた滝尻は熊野古道を歩く場合の一般的なスタート地点で、歴史紹介や観光案内を兼ねた『熊野古道館』がある。地図を手に入れようと入ったら、中にいたおじさんがバックパッカー姿の一歩を見て「ぼく、えらいなあ。熊野古道を歩くんか」と感心し、地図とスタンプ帳をくれた。熊野古道に沿って点在する王子《おうじ》（熊野神社の末社。石碑などが残っている）にはそれぞれスタンプ台が設置されているという。

ありがたい。こういう目標があると子供はがんばる気になる（大人もだけどね）。

まずは滝尻王子がある社殿に行くと、その隣の家に鎖でつながれたクリーム色のラブラドール・レトリーバーがいて、こちらを見ていた。

「ほら、見てごらん、一歩。色は違うけど、サンポと同じ犬だよ」

うちの黒ラブ、サンポもそうだけど、盲導犬にもなるラブラドール・レトリーバーは人間が大好きで、誰にでもすぐなついてしまう。もっとも安心して飼える犬の一種だ。

ところが、一歩が近づいたらその犬は突然飛びかかってきた。一歩は押し倒され、犬は一歩にのしかかった。

「コラーッ、何する！　一歩、離れろ！」

僕は犬の首輪をひっぱって引き離した。思いもよらない突然の襲撃に、一歩は涙をポロポロ流して泣き出した。

「泣くな、一歩！　もう保育園の子じゃないんだぞ。小学生になる子がこんなことで泣いちゃだめだ。ぐっと力を入れてがまんしなさい」

半年前から空手を習い始めて精神的にたくましくなった一歩は、両の拳を握りしめて泣くのをこらえた。その姿がいじらしくて、僕はしっかり抱きしめた。

それにしても迂闊《うかつ》だった。ラブラドール・レトリーバーとはいえ、鎖につながれているとストレスがたまって温厚でなくなるのだろうか。一歩の頬に爪でひっかかれた跡がミミズ腫れとなって浮き出ている。僕は立ち直らせる切り札の言葉をかけた。

「いつまでも泣いている人は500系に乗れないよ。それでもいいのかな」

一歩には熊野古道を歩いたあと奈良に出て、京都からは新幹線『のぞみ』500系に乗せてあげる約束をしている。鉄道好きの一歩を歩かせる格好の餌をあらかじめ用意してあるのだ。一歩はその言葉にすぐ反応して、立ち直って歩こうとした。

「よしよし、じゃあ、ここで記念写真を撮ろう」

境内の隅には太さが電柱くらいで、高さが一歩の身長くらいの『熊野古道』と書かれた道標があり、そこには起点と記されている。僕は一歩を横に立たせて写真を撮った。案内板によればここから先は500mごとにこの道標が置いてあるという。

この道標もいい目標になる。こういった目印や道の整備状況、地元の人の理解度なども含めて、熊野古道は初心者でも楽しめる理想的なフィールドといえるだろう。

「さあ、歩くぞ」

一歩を先に行かせて、僕は後ろに続いた。一歩のデイパックには着替えとレインウェア、レゴのブロック、お菓子などが入っていて重量は2kg程度だ。僕のバックパックはいつものバックパッキングの装備に加えて、一歩の寝袋や食料が入っているので15kg以上あるが、一歩のゆっくりとしたペースだと重いバックパックもあまり気にならない。

道はすぐに勾配がきつい山道になった。地図を見ると、ここから一気に標高が上がっていく。トレッキングシューズを履いた一歩は、山道を一歩、一歩、ゆっくりだけど着実に足を運んだ。

その後ろ姿を見て感慨深い

ここから熊野古道がはじまる。直前に犬にひっかかれて泣いた一歩は緊張ぎみ。

ものを感じた。一歩という名前は、はじめの一歩という意味合いよりも、ゆっくりでもいいから一歩ずつ前に進んでいってもらいたいという願いから名づけた。その名前のとおりに一歩がいま歩いているのである。僕は感傷的な気分に浸って、一歩の後ろ姿を見守った。最初のスタンプ台は20分ほど歩いたところにあった。休憩場所まで行ったら『コアラのマーチ』を食べていいと約束していたので、一歩はデイパックからお菓子の入った袋を取り出し、うれしそうに口に入れた。

「おっことぬしが、いるみたいだね」

なにを言っているのかわからなかったが、もう一度聞いてわかった。映画『もののけ姫』のことを言っているのだ。針葉樹と常緑広葉樹が茂ってうっそうとした熊野の山は、一歩にとっても霊験あらたかな森に感じるのかと思い、感心した。

それからしばらく山道を登ると、開けた場所に出た。いくつも山が重なった麓に集落が見える。そのあと平坦な山道を進むと、今度は下り道に入った。

「どうしてくだるの？　もうおしまい？」

そうか。一歩は山道を登り終えたら終わりだと思っていたのか。

「違う。何度も上ったり、下ったりして、たくさんの山を越えていくんだよ。それが歩く旅なんだ」

一歩は理解していないようだ。熊野古道の地図を見せても「ぼくのうちはどこ?」と聞くくらいで、地図の縮尺を把握できていない。もっとも僕だって小学生になっても、地図の意味をまったくわかっていなかったんだから無理もない。うまい具合に熊野古道の道標があったので、それを見せて説明した。

「いいか一歩。ここに『5』って書いてあるだろう。この数字が『40』になったら、歩く旅はおしまい。バスに乗って奈良へ行くんだ」

熊野古道は整備されていて歩きやすかった。

「うん、わかった。40までかぞえればいいんだよね」

どこまで行くか事前に決めていなかったが、地図を見て約20km先の小広峠《こびろ》をゴールに決定した。小広峠の先は18kmの山道となり、バス停はない。3日間で20kmなら、一歩の足でも無理なく到達できる距離だと思う。

途中で何度も休憩をとり、歩き始めてから2時間以上が経って高原熊野神社に着いた。ここは車道と交差しており、売店を兼ねた休憩所もある。「こんにちは」とあいさつして中に入ると、売店のおばさんが華やいだ声で歓迎してくれた。

「こんな小さな子が歩くなんて、立派やわあ。ぼく、えらいよ。はい、これあげる」と、キャンディーを手渡してくれた。

「ありがとう」

ほめられて、お菓子までもらった一歩はうれしそうな顔をしてお礼を言った。僕らはここで昼食をとらせてもらうことにした。今朝コンビニで買ったおにぎりといなり寿司があるのだ。それを食べてから名前を記帳するノートに『さいとういっぽ』と一歩が書くと、おばさんは「賢い子やねえ。賢い顔しとるもん」とおだててくれた。

その後も出会う人からあいさつのように「ぼく、えらいなあ」と声をかけられて、少々疲れ気味だった一歩はがんばって歩き続けた。おだてられるとすぐその気になって張り切ってしまうあたりは、親によく似ている。

しかし、一歩は確実に疲れているようで表情が険しくなってきた。

「一歩。あと少しがんばろう。今度スタンプがあるところに行ったら、もう歩くのをやめてテントを張るから、それまでがんばろう」

スタート地点から7km離れた場所に十丈《じゅうじょう》王子があり、古道館でもらった地図によればそこには休憩所とトイレが表示されている。日本でバックパッキングの旅を数多くしてきた僕のカンが、テントを張るのに適した場所と予測した。

そのカンはずばり当たった。傾斜だらけの山の中なのにそこだけ平坦で開けているし、湧き水もある。眺めもよくてAランクのキャンプ・サイトだった。

「おとうさん、ここにてんとをはろうよ」

僕がいい出す前に一歩が口にした。一歩から見ても、ここが野営に適した場所に思えるのだろう。時刻はまだ午後3時前だが、ここは標高596mで、スタートした場所から

511mも上っているし、歩き始めた初日で一歩が疲れているだろうから、今日はここまでで十分である。

今回持ってきたテントはアライテントのトレックライズというモデルで、1〜2人用でフライシートがついているのに重量は1・6kgと抜群に軽い。ペグを打ってテントを張り終えると、一歩は中に入ってニッコリ笑った。

「ねえ、れごのぶろっくであそんでもいい？」

「うん、いいよ」

一歩はいつも遊んでいるレゴのブロックを出して、何やらつくり始めた。そして昨日乗った飛行機らしきものをつくって、「ゴーッ」とか「ダーン」とか言って遊び始めた。子供が遊びに来たから仕事ができないと文句を言った僕としては、どんな状況でも自分の世界に入り込んでしまう一歩の集中力を見習うべきかもしれない。

「テントの中はどう？　寒くないか？」

「だいじょうぶ。おもしろい」

一歩はこの小さなテントを気に入ったようだ。そういえば友達が遊びに来たときも、一

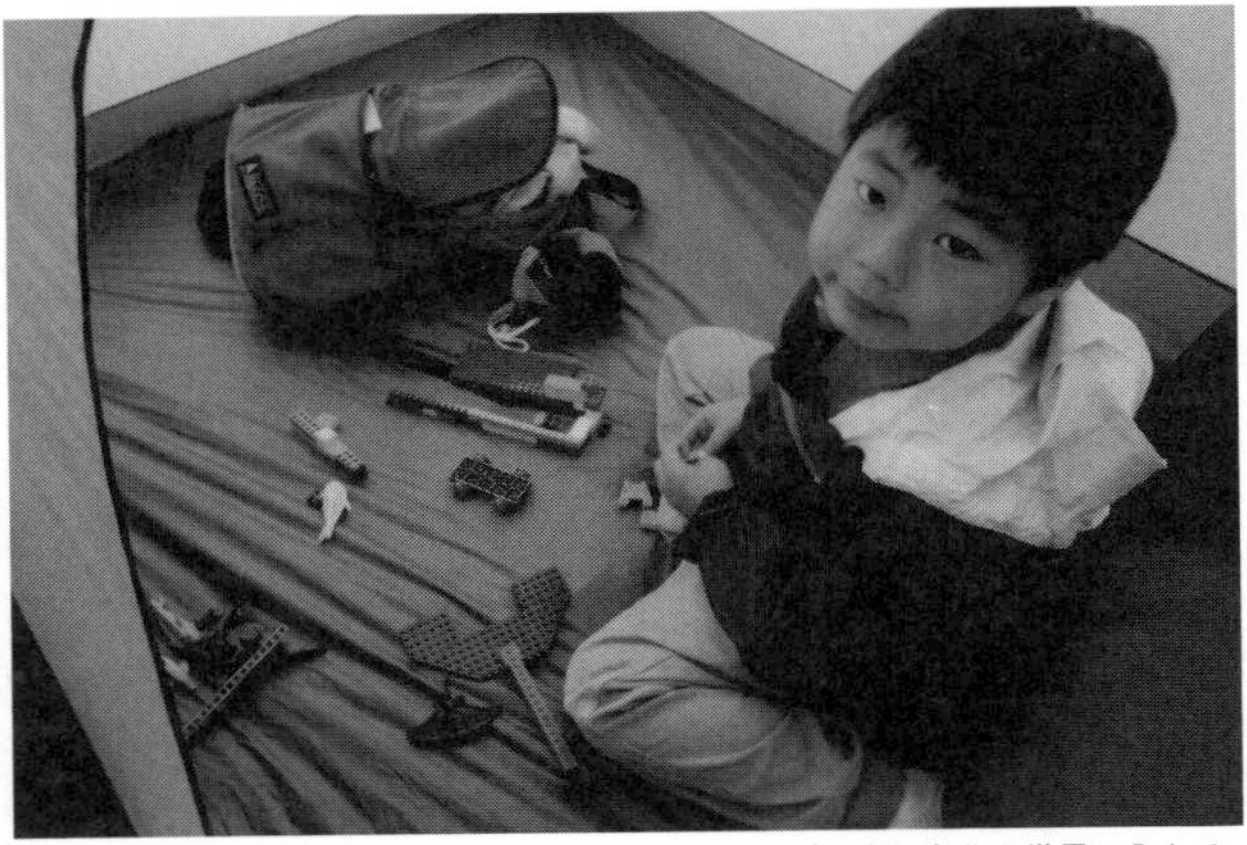

テントの中でもレゴのブロックがあれば一歩は自分の世界に入れる。

歩たちはクローゼットの中に入り込んで「ひみつきちだ！」と言って遊んでいた。子供にとっては、この狭さがかえって居心地のよさに感じるのかもしれない。

一歩はブロックで遊び、僕は日記をつけて、テントの中でのんびり寝転がって過ごした。そして5時にインスタントラーメンの夕食をすませ、日没の6時には歯を磨いて寝袋の中に入った。

一歩の寝袋は今回のために新調したもので、モンベルのジュニア用モデルだ。マットは僕がかつて使っていた半身用のモデルだが、身長が1m18cmの一歩は半身用でも全身用として使える。

「どう？　あったかい？」

「うん、あったかい」

寝袋に埋もれて頭だけ出している一歩がうれしそうに答えた。暗くなり始めたので換気に注意してガスカートリッジ式の小型ランタンを点灯し、田辺の本屋で買った文庫本、宮本輝の『真夏の犬』を僕は読み始めた。テントの中の読書が、僕は好きなのである。

「おとうさん、なにしてるの？」

「本を読んでるんだよ」

「えっ？　よんでないじゃん」

そうなのか。一歩にとって読むという行為は声を出して読むことをさすのか。僕は黙読の意味を教えてあげたが、最近カタカナを覚えたレベルの一歩は、まだ理解できていないようだった。

やがて一歩は目を閉じて、寝息を立て始めた。まだ7時になったばかりで、いつも家で寝る時間よりも3時間近く早いが、1日山道を歩いて疲れたのだろう。ぐっすりと寝てしまった。

僕はしばらく本を読んでいたが、10時過ぎに眠くなり、一歩と寄り添って眠った。

一歩は寝相が悪く、いつもは転がり回って寝室を旅するのだが、テントの中ではまったく動かなかった。布団と違って、全身を包む寝袋がよかったのだろう。これからは家にいるときも、寝袋を使ったほうがいいかもしれない。

朝6時に起きて、朝食をつくった。イタリア製フリーズドライのパスタで、コッヘルに入れて適量の水とともに5分間ほど茹でるとできあがる。クリーム味がおいしく、一歩も喜んで全部たいらげた。

テントをゆっくり撤収して、8時に出発。

天気は昨日と同じで、雨の心配はないが、気温は低い。標高596mのここは寒く、フリースのジャケットと手袋を持ってこなかったことを後悔しつつ、歩き始めた。

この先5㎞くらいはアップダウンの山道が続き、そのあとは集落に出てアスファルトの田舎道を歩くようになる。

一歩は昨日一日歩いて山道に慣れたのか、昨日よりも軽快に足を運んだ。スタンプと道標が目標になっているようで、「つぎは12ばんだよね」と張り切っている。

熊野古道中辺路の全行程中、もっとも高い標高691mの山を越えると、そこから先は近露《ちかつゆ》という集落に向かってどんどん下り、国道311号と交差した。そこには道の駅があり、トイレや売店、公衆電話などがあった。

最近電話をかけることを覚えた一歩は自分でダイヤルして、家に電話をかけた。

「もしもし、おかあさん。あのね、てんとにとまったんだよ。うん。そう。あのね、あるくたびっておもしろいんだよ」

そう言えと教えたわけでもないのに、歩く旅をおもしろいと口にした一歩に僕は感激してしまった。妻は電話が来ないのを少し心配したようだが、一歩の元気な声を聞いて安心したらしい。

売店でジュースとお菓子を買い、近露にむかって再び元気に歩き始めた。近露に着いたらお昼にしようと一歩と約束して歩き出したのだが、途中から一歩が無口になった。表情も冴えず、足取りも重くなった。

「一歩、どうかした？」

「ぼく、おなかがいたい……」

どうしよう……と心配になったが、すぐに原因がわかった。

一歩は昨日の朝からウンチをしていない。僕が再三誘ったのだが、一歩は拒否していたのだ。売店で冷たいジュースを飲んで、催してきたに違いない。

「ウンチをすれば治るよ。あと少し歩けばトイレがあるからそこまでがんばろう」

一歩を励まして近露までたどり着き、公園にあった公衆トイレに入らせた。

思ったとおりで、一歩は「なおった」とすっきりした顔でトイレから出てきた。

一歩は秀でた才能があるように思えないけど、体だけは丈夫で、病気らしきものをしたことがないし、風邪をひいても悪化することなく1日で治ってしまう。それはなによりの親孝行だと思う。

昼食は小さな食料品店でカップヌードルを買い、公園の東屋《あずまや》で食べた。

「なあ、一歩。今夜もテントにする？　嫌だったら宿に泊まってもいいんだよ」

ここから先は集落を通るルートだから、ところどころに宿もある。でも、一歩は首を振った。

「てんとでいい」

僕に気を遣って、無理にそう言ってるふうでもなかった。テントに泊まるのが好きかと尋ねると「うん」とうなずく。

「テントのどういうところが好きなの？」

「ねぶくろがあったかいから」

なんだかよくわからない答えだが、まあとにかくテントを気に入っているようだ。

午後は集落を通り、地元の人から「えらいなあ、ぼく」と再びほめられたが、山道を歩いた午前中と違って、一歩の足取りが重くなった。

疲れたということもあるが、アスファルトの単調な道がおもしろくないようだ。一歩も

「つちのみちがいいね」と不満を口にした。

しかし、今日は一歩に無理してもらうつもりでいた。すでに午前中だけで5km歩いている。もう少しがんばれば、今日一日で10km歩いたことになるのだ。

あと1週間で小学校に入る一歩に10km＝1万mという区切りのいい距離を歩き通しても

らいたい。親の欲目だけれど、10㎞を歩かせることで、保育園を卒業して小学校に入る元服としたいのだ。それにちょうどそのあたりには、今晩キャンプするのに最適と思える神社もある。

「一歩、今日は34番までがんばろう。34番まで行ったら、明日はほんの少し歩くだけでバスに乗れるよ。そしたら奈良の大仏さんを見て、500系だ」

「わかった。がんばる」

一歩にとって500系は絶大の効果がある。僕らは道標を発見するたびに大声を出して喜び合い、午後4時前についに34番を突破し、キャンプ予定の神社に着いた。

一歩はそうでもなかったが、僕は10㎞歩いたことにとても感動し、「やったあ、10㎞も歩いたんだぞ」と一歩を抱きあげた。

ここ継桜《つぎざくら》王子の境内は杉の巨木がそびえていて、荘厳ないい雰囲気を出している。巨木の幹に一歩をしがみつかせて写真を撮ってから、境内の隅にテントを設営した。

テントを張り終えると、一歩は中に入ってさっそくレゴのブロックで遊び始めた。僕がそばでコーヒーを入れていると、中高年の参拝客が5人ほどやってきた。

一歩がテントから顔を出し、大きな声で「こんにちは！」とあいさつをしたら、彼らは微笑み、「へえ、おとうさんとテントに泊まるの。いいなあ、ぼく」と優しく声をかけてくれた。

今日の夕食はレトルトのカレーだ。昨日からラーメンやカレーという偏ったメニューしか食べていないが、キャンプだから勘弁してもらおう。明日、奈良に出たら野菜サラダをたっぷり食べさせようと思う。

今夜も一歩は7時前に寝袋に入った。

「一歩、えらかったよ。10㎞も歩くなんて、すごいよ。おかあさんもほめてくれるよ」

僕の言葉に一歩はうなずき、しばらくしてからぽつりと言った。

「なんぽ、どうしてるかな？」

本当は「おかあさん、どうしてるかな？」と言いたかったんだろう。昨日の深夜に一歩が「おかあさん」と寝言を言ったのを僕は耳にしている。それをこらえて、弟の南歩の名を口にするあたりは、さすが長男である、

やがて一歩は昨日と同じようにぐっすりと眠った。その寝顔を眺めながら僕は、一歩と

歩いた2日間を振り返った。

一歩はこの旅をどう感じているのか知らないが、僕はこの2日間、とても充実した時を過ごすことができた。とても新鮮で心が洗われる旅だった。

これまで僕はビーパルの連載『行きあたりばっ旅』でリヤカーを使ったり、耕うん機を使ったりと、一風変わった旅も行なってきた。他人から「あれはウケ狙いのパフォーマンスで、旅じゃない」と批判されようが、それはそれで楽しいし、どんな旅をしようが僕の自由じゃないかと開き直って旅を続けてきた。

でも、今回自分の荷物を自分で背負って、歩いて、野宿する、というシンプルでストレートな旅を一歩と過ごして、やっぱり自分はこういう旅をしたかったんだと、再認識することができた。バックパッキングの旅こそ、僕の旅の原点なのである。

これからも好奇心まかせの旅をいろいろ行なっていくつもりだが、自分はバックパッカーなんだと胸を張れる旅も続けていこうと思う。

そう気づかせてくれた一歩に心から「ありがとう」と言いたい。

翌日、歩き始めたらすぐに35番の道標を発見した。

「あと、5こ!」

一歩が飛び上がって全身で喜びを表現した。

それからというもの、道標らしきものを見るたびに一歩は「あったあ!」と、丸い顔に満面の笑みを浮かべて駆け出すようになった。そして1時間も歩かないうちに40番まで到達し、ゴールにしていた小広峠に到着した。

ついに20㎞踏破である。一歩とふたりで万歳して、セルフタイマーで僕らの写真を撮った。

そのあと、僕らはバスを乗り継いで奈良に出た。奈良では大仏さんを見学し、翌日京都から約束どおり500系に乗り、名古屋で中央本線に乗り換えて、妻と南歩とニホとサンポが待つ八ヶ岳へ帰りついた。

家に着くと、庭に春が訪れていた。

自分たちで家を建てた年に植えた桜が、出発前はつぼみだったのに満開の花を咲かせていた。

それから4日後、一歩は小学校に入学した。

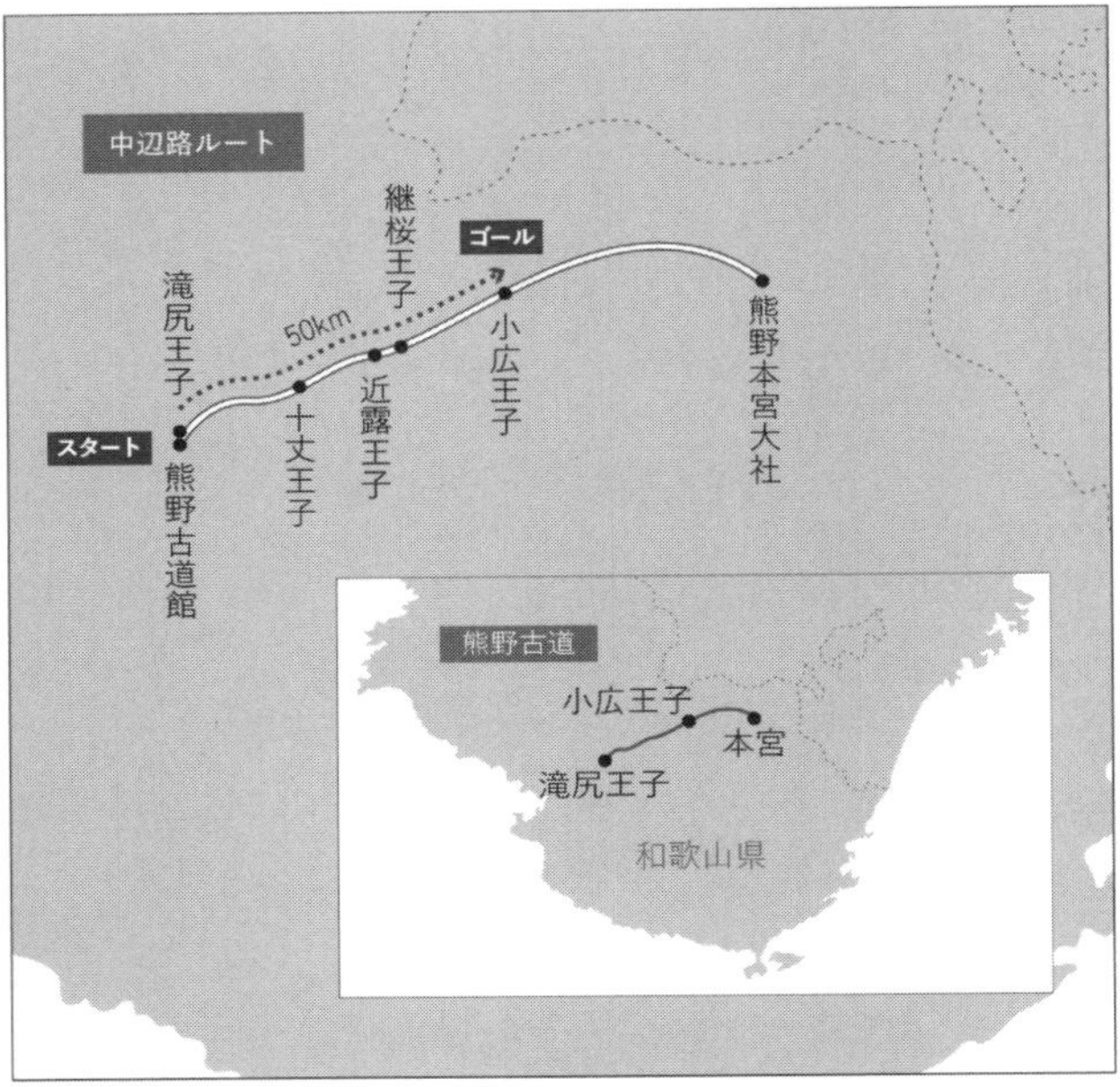

ついに40番に到着。
一歩の表情がドヤ顔だ。

第2章

九州縦断自転車ツーリング

2005年　僕：44歳　一歩：12歳（小学6年生）

2004年のクリスマス。小学1年生の南歩にはサンタクロースからプレゼントが届いたが、小学6年生の一歩にはプレゼントが届かなかった。

南歩はサンタさんに「トミカのやまみちドライブがほしいです」と手紙を書いたのに、一歩は「もういい」と、手紙を書かなかったのである。

そこでサンタクロースのかわりに、父親の僕がとびきりのクリスマスプレゼントを一歩に贈ることにした。

自転車だ。

一歩は、かつて僕が世界の辺境を旅した15年以上前のMTBに乗っている。父の自転車に乗れるくらい成長したことがうれしかったのか、一歩はそのMTBを気に入り、小学5年生の夏には僕と日本横断の旅にも出かけたが（男鹿半島から宮古市の浄土ヶ浜まで5日間かけて走った）、なんせ走行距離が1万kmを優に超えている年代モノである。あちこちが傷んでいるし、修理したくても交換部品がすでに製造中止になっている。

一歩は4月から中学生になるわけだし、この際だから旅にも使えて末長く乗れる大人の自転車を、旅人の父からプレゼントしたかった。

買ったのは、MTBの乗りやすさとロードバイクの速さを兼ね備えたクロスバイク、ジャイアントのエスケープR2である。

身長153㎝の一歩にも適応したサイズが揃っているし、700×28Cの細いタイヤと10kg程度の軽い車体で、軽快に走れる。また、キャリアを装着できるダボが前後にあることも、ポイントになった。

喜びをあまり表情に出さない一歩だが、新しい自転車はかなり気に入ったらしく、自転車が来てからというもの毎日近所を乗り回っている。

これならきっと楽に旅ができる。

急な登り坂でもすいすいと走っていく一歩を見て、僕は確信した。

新しい自転車をプレゼントしたら、年末年始の休みには父と息子のふたりで九州を縦断しようと、以前から計画していたのである。

まずは愛車のキャンピングカー、フォルクスワーゲンのユーロバンで家族全員（妻と一歩、次男の南歩、それにラブラドールレトリーバーのサンポとサンポの娘のトッポというフルメンバーだ）で下関まで行き、元日の朝に僕と一歩は関門トンネルを通って九州に上陸し、そこから南に向かって自転車を漕ぎ出す。妻と南歩、それに犬たちは車で鹿児島県の指宿《いぶすき》に向かい、湯治宿に逗留して僕らの到着をのんびり待つというプランだ。

指宿到着予定を1月6日と決めたが、どの道を走るかは、すべて一歩に決めさせることにした。野宿する場所や食事などのアドバイスはするけど、進路に関しては口出しをしたくなかった。一歩の自主性を期待したいし、行く先を息子に委ねる旅を楽しみたい。

この『父と息子の九州縦断自転車ツーリング』を提案したとき、一歩は細い目を輝かせた。そして九州の地図を広げて「1日目は宇佐市まで走って野宿は史跡公園。2日目は大分市、野宿は大分城跡公園……」と旅の計画を練り上げた。一歩は地図を眺めるのが好きな少年であり、地図にプランや足跡を記すことが好きな少年なのだ。

「一歩が考えているとおりに進むとはかぎらないからな。でもそれは旅のおもしろさでもあるんだ」

そうアドバイスしようと思ったら、実際に走り出す前から計画は大幅に狂ってしまった。予想外の大雪が西日本一帯を襲い、大晦日の夜に下関は雪景色だったのである。さらに北九州から福岡にかけても積雪があり、山間部の道路は凍結しているとのことだ。

地図に走るルートや野宿予定地を書き込んでプランニングを練った一歩にはすまないけど、こんな雪道は自転車で走れない。

家族会議を行なった結果、雪を避けるために最初にみんなで指宿に行き、そこから僕と一歩は北へ向かって走り、残りのメンバーは指宿に滞在して、6日後に佐賀県の唐津《からつ》で待ち合わせをすることに決めた。

ゴールに唐津を選んだ理由はとくにない。福岡や北九州といった大都会は待ち合わせが何かと面倒だし、唐津あたりが適当じゃないかな、と妻と意見が一致したのである。ただ、ルートが大きく変更になったとはいえ、行き先を一歩に決めさせる基本方針だけは貫くことにした。

気候風土も人も温和で穏やかな指宿は、住んでみたくなるくらい気に入っている町だ。13年前に九州を貧乏旅行したとき、僕は指宿で心に残る体験をしている。

1万円のみの予算で九州を放浪していた僕は、ヒッチハイクで乗せてもらった女性に「指宿は最高よ」と薦められて指宿に足を運んだ。素泊まり2千円の湯治宿を探して1泊したのだが、出発の朝に宿代を払ったら、宿の奥さんは「宿代はもらったけど、これは私からの餞別」と、同額のお金を差し出してくれたのである。

さらにそれから2年後。指宿を再訪したとき、お礼を言おうとその宿「元屋」に顔を出したら、奥さんは「そんなことあったかしら」とまったく覚えていなかった。その程度の親切は彼女にとって特別ではないようで、そんな大らかな人が暮らす指宿が大好きになったのである。

今回僕が予約していた宿は、もちろん元屋旅館だったが、予想どおり彼女は僕を覚えていなかった。でも息子ふたりと犬2頭を連れたわが家を温かく迎えていただき、妻に対して誇らしい気持ちになった。木造の部屋にはこじんまりとしたキッチンや冷蔵庫があって、コタツもある。「昔の東京のアパートみたい」と妻が喜んだ。

宿に落ち着き、八ヶ岳からの長距離ドライブの疲れもとれた1月2日。

僕と一歩の自転車の旅が始まった。

自分の荷物は自分で持つのが旅人の基本だが、体力を考慮して共同装備のテントや調理器具は僕が積む。僕の荷物は一歩に装着する荷物の約1・5倍の重量になった。

「頼むからケンカしないでよ。あまり小言を言っちゃだめよ」

「わかってるって。今回の旅は一歩が隊長だから僕は黙っている」

妻の言葉に、僕はそう約束した。

一歩は変声期を迎えて、体も心も一段と成長した。しかし、背伸びしたい少年期の生意気さとアンバランスさを、父親としてうまく甘受できずに、一歩にはつい小言を言ってしまう。理屈ではわかっているんだけど、息子への期待感、親としての使命、自分自身の嫌いな部分も受け継いでいる性格への苛立ちなどから、一歩にはきつくあたってしまう。

今回の旅は一歩の成長だけでなく、父親の僕にとっても息子との関係を見つめ直すいい機会になるのではと期待している。

昨晩、一歩が立てた計画によれば、指宿から枕崎に行き、そこから北へ向かって海沿いを走り、フェリーで天草、島原半島と渡って、諫早《いさはや》、佐世保、伊万里を経て唐津へと至る。全行程約430㎞の九州縦断だ。

荷物を積み終えたあと、指宿名物の砂むし風呂の海岸にみんなで行き、妻に旅立ちの写真を撮らせた。

南歩は、尻尾を振っているサンポとトッポみたいに笑顔で飛び跳ねているが、一歩は緊張感からか、ムッとした表情のままだ。

「なあ、一歩。笑えよ」

「おかしくないのに笑えないよ」

「あのなあ！　旅では笑顔が基本だ。笑顔で人に接すれば、相手も笑顔になって楽しい気分になれるんだ。そんな仏頂面で旅したら、みんなが不快になる。笑ってみな」

僕の言葉に妻が「小言を言わないって、約束したでしょ。そんなふうに言われて笑

めったに笑わない息子とカメラを向けられると条件反射的に笑顔になる父。

えるわけないじゃない」と口をはさんだ。

「まあ、できるだけ笑顔でいるように心掛けること。それと出会った人には大きな声であいさつするんだぞ」

「うん」

「『うん』じゃなくて『はい』だろ」

「ハイ！」

一歩と僕のやりとりに「なんか心配だなあ」と顔をしかめる妻と終始笑顔の南歩、尻尾を振り続けるサンポとトッポに見送られて、僕らは走り出した。

一歩が前を走り、2、3mほど離れて僕が続く。自転車を漕ぎ出した一歩の背中は、ウキウキと弾んでいるようにも思える。僕は背後から声をかけた。

「荷物を積んでいるといつものように走れないだろ。ゆっくりでいいからな。それにギアは早めに変えろよ。足の回転は同じリズムを心がけて、その回転に合うようにギアを早めに変える。それが長距離でも疲れないコツだ。わかったか？」

「ハイ！」

妻が聞いていたら「口うるさい！」と文句を言いそうだが、これは小言ではなく旅人のアドバイスということにしておこう。

指宿の市街地を出て数㎞までは一歩のすぐ後ろに続いたが、長い上り坂を越えて下ったところで、このスタイルはやめようと思った。

同じペースで走るのがつらいのだ。フロントの両脇に荷物を積んだ僕の自転車はかなり重い。週に1、2回、八ヶ岳山麓を30㎞程度乗って自転車に親しんでいるが、荷物満載だと別の乗り物に思えるくらい上り坂がつらい。2、3日経ったらこの感覚に慣れるだろうけど、それまでは上り坂では一歩よりもさらにゆっくり走りたいし、逆に下り坂では重量にまかせて突っ走りたい。

「なあ、一歩。一緒に走るのはやめよう。待ち合わせ場所を決めてそれぞれのペースで走ることにしよう」

僕の提案に一歩は「うん！　それがいい」と声を弾ませた。口うるさい父が背後についているのは、一歩にとっても不快だったのだろう。待ち合わせ場所を30㎞先の枕崎駅に決めると、プレッシャーから解放された一歩は、「じゃあ、先に行く」と、勇んで走っていった。その姿を見送り、ゆっくり休んでから僕は走り出した。

このスタイルのほうが一歩もノビノビと旅できるし、自覚も生まれる。根っから単独の旅人の僕にとってもこのほうが楽だと思ったのだが、ちょっとしたトラブルが発生した。

この日、最後の待ち合わせ場所を吹上町の役場に決めて、一歩は先に走っていった。その姿が見えなくなってから、僕は走り出したのだが、2、3㎞走ったところに大きな交差点があった。

手前に標識があって、これまで走ってきた国道270号は左折する指示があり、直進は鹿児島と書かれてある。しかし、交差する道路はどちらも大きく、交通量も同じ程度だ。吹上町に行くには左折しなくてはならないが、標識を見落とすとまっすぐ進んでしまう可能性もある。

ひょっとして……。

なんとなくカンが働いた。一歩はまっすぐ行ったように思えて、僕は鹿児島方面に向かって直進した。

道に迷った場合の対策を、まだ決めていなかった。わが家は誰も携帯電話を持っていないので、お互いが連絡をとれない。日が暮れかかっているし、ここではぐれると厄介なことになってしまう。

しばらく走ると、思ったとおり遠くに一歩の姿が見えた。

「コラーッ！　イッポーッ！」

僕は全力で駆けて、一歩に追いついた。怒鳴られる理由がわからない一歩は、キョトンとした表情で僕を見た。

「地図を見たり、標識を確認しなくちゃだめだろ」

問題の交差点に戻って標識を見せると、一歩は自分の過ちがわかって気を落とした。ひとりでも旅ができるんだ、と自信を持ちつつあったときだったから、一歩なりにショックを受けたのだろう。しょげる一歩に「まあ、よくがんばった。でも標識や地図はちゃんと見て走れよ。旅の基本だから」と言葉をかけた。

そして、もしはぐれたらおかあさんのいるところに電話するようにと、指宿の湯治宿の電話番号をメモに書いて一歩に渡した。

小学5年生の夏に走った日本横断の旅は、キャンピングカーで伴走する妻のチームと毎日待ち合わせて一緒に泊まったが、今回は次なるステップとして自分たちだけで野宿しようと決めていた。

どこにテントを張るかの判断は、まだ小学生の一歩には無理なので、僕が決めた。選んだのは吹上町の運動公園である。静かで雨風をしのげる休憩所もあるし、すぐ近くには温泉施設の『ゆーぷる吹上』もあって、理想的な野宿の場所である。

一歩にテントを張らせ、僕は写真を撮った。すると一歩が言った。

「写真、ビーパルに載せるの？」

「ああ」

この親子旅は僕が長年連載しているアウトドア雑誌ビーパルの『シェルパ斉藤の旅の自由型』に掲載するつもりでいる。

「……いやなのか？」

「うん……。はずかしい」

「え？　でも、一歩は野田さんのページに何回も写真が出てるじゃん」

初日のテント泊。運動公園の休憩所に泊まった。

一歩は5歳のときから、僕と妻が敬愛するカヌーイストの野田知佑さんのお世話になっている。夏休みや春休みは徳島で暮らす野田さんのもとへひとりで行ったこともあり、ビーパルで連載している野田さんのエッセイ『のんびり行こうぜ』にも何度か登場しているのだ（それは僕にとっての誇りでもある）。

「野田さんのページに出るのはうれしい。でもおとうさんのはちょっとはずかしい」

「どうして？」

「親子だから……」

「……」

何となくわかる気もするけど、真実は一

歩の立場でなければわからないだろう。しかし、「家の仕事を子供が手伝うのは、どこの国でも当然のことなんだ。おとうさんの仕事は雑誌に旅の記事を載せることだから、手伝いなさい」と丸め込んで、照れる一歩の写真を撮った。

一歩の同級生にはシェルパ斉藤の愛読者もいるのだが（小学校の図書館に蔵書がある）、一歩はこれまで一度も僕の本を読んだことがないし、「読め」と命じてもビーパルの記事すら読もうとしない。今回、テントで夜を過ごすから、絶対に本を持っていけと言ったら、僕の本ではなく、野田さんの『少年記』を持ってきたくらいだ。

しかし、丸一日走って心身ともに疲れ果てたのだろう。寝袋に入ると１ページも本を開かないまま眠りについてしまった。


翌日、一歩は目標を立てた。それは１日１００㎞走ることである。

国道３号に入って北上し、天草へのフェリーが出る長島町まで走れば１００㎞に達する。

初日が午前10時から走り始めて82㎞だったから十分に達成可能な数値だ。

そのためにはお昼前に50㎞走っておこう。昼食は50㎞を過ぎてから最初にあった店で食べよう。一歩と話し合って、そう決めた。

幹線道路の国道3号を走るのはきついかと思っていたが、正月三が日だったおかげでトラックがほとんど走っていなくて助かった。

快調に走り続けて、サイクルコンピュータの表示が50㎞をさそうとしたところで、タイミングよくハンバーガーとカレーの店があった。

「一歩。ここでお昼にしようか」

ハンバーガーとカレーなんて、一歩好みのメニューだと思ったのに、一歩は首を振った。

「まだ50㎞走っていない」

見ると、一歩のサイクルコンピュータは49・7㎞をさしていた。

「たった300mじゃないか。ほとんど50㎞だろ。この先に店があるとは限らないぞ」

「でも、ちゃんと50㎞走りたい」

一歩は僕をまっすぐに見つめていった。こだわりがあると言えば聞こえはいいけど、この融通の利かない頑固さは誰に似たんだろう？

一歩の意志を尊重し、その店をパスして走り続けたが、悪い予感はあたった。それから15km近く店がなく、腹が減ってふらふらになって走り続け、午後2時近くにようやく『道の駅　阿久根』にたどり着いた。

カツカレーにむさぼりつく一歩のアホさ加減がおかしかったけど、旅人っぽくて誉めてあげたい気分だった。

昼食を終えるまでは晴れ間がのぞいていたが、国道3号を離れて長島方面に向かうと暗い雲が広がり、とうとう雨が降り出した。

南九州とはいえ、1月の雨は冷たい。海にかかる黒瀬戸大橋を渡ると横なぐりの風が吹きはじめ、さらに島の道路はアップダウンも多くなって、自転車の旅には最悪の状態になった。

でも100kmを目標にする一歩は、くじけてはいない。日の入りが近づき、あたりが暗くなっても止まることなく走り続けている。

この日は『道の駅　長島』に泊まろうと考えていた。日が暮れる前に買い出しをしておこうと、僕は途中のAコープに立ち寄り、先に一歩を『道の駅　長島』へ向かわせた。すっかり暗くなって到着すると、一歩は建物の外で僕を待っていた。レインウエアを着ているものの、寒さで体が震えている。

ここでテントを張るつもりでいたが、雨風がしのげる場所がない。雨はともかく、この強風でのテント泊はかなりつらい。

正面に国民宿舎の『サンセット長島』があったので、泊まれるか交渉することにした。しかし、一歩はまたも渋った。

「まだ１００km走っていない」というのが、彼の言いぶんで、一歩のサイクルコンピュータは97・６kmをさしていた。

「数字なんてどうでもいい。この雨の中、荷物を積んでこれだけ走れたなんて、１００km以上の価値がある。おとうさんではなく、先輩の旅人シェルパ斉藤としてお前を誉めてやる」

そう言うと、一歩は不満げながらも「わかった」と引き下がった。

正月に予約なしで国民宿舎に泊まれる保証はなかったが、びしょ濡れの一歩を連れていけばどうにかなると思った。せこい作戦に思われるかもしれないけど、冷たい雨の中を自転車で走ってきた小学生を見て手を差しのべない大人はいないはずだ。

「いいか、一歩。泊めてください、と一緒にお願いしよう。喜怒哀楽を出すことも旅のテクニックだからな」

そう諭して受付に入ったが、作戦を使うまでもなく、あっさり僕らは受け入れられた。食事の用意もすぐにできるという。Ａコープで買った食料で自炊しようと思っていたが、食事を提供してもらうことにした。

温泉に浸かって温まってから食堂に行き、僕は生ビール、一歩はコーラで乾杯して、食べ切れないくらいの夕食をいただいた。

部屋に帰った一歩は「テレビがある」と大喜びで、お笑い番組を見てゲラゲラと笑った。こんなに楽しそうな一歩を見るのは、旅に出て初めてだ。

そうだよな。こいつ、お正月のお笑い番組を温かい部屋で見たかったんだな。

いつまでもゲラゲラと楽しそうに笑う一歩を見て、宿泊代がかかるけど、まあいいかと思ったし、「よくがんばったな、一歩」と、優しい気持ちになれた。

翌朝、天気が回復した。

国民宿舎を出た僕らは、フェリーで鹿児島県の長島町から天草の南端、牛深《うしぶか》市に渡った。

一歩が立てた今日の計画は、牛深市から本渡《ほんど》市経由で天草下島を北上し、鬼池《おにいけ》港からフェリーに乗って島原半島の口之津《くちのつ》に上陸する、というものだ。

九州本土を走った昨日までは比較的平坦な道路だったが、島に入るとアップダウンが多くなる。走り出す前に僕はアドバイスをした。

「後ろから見ていると一歩はペダルを漕ぐのが速くなったり、遅くなったりしている。最初に教えたはずだけど、足の回転がいつでも同じ速さになるように、道路の状況に合わせてこまめにシフトチェンジすること。一定のリズムで漕ぎ続けることが長距離を走るコツだ。わかったか」

「うん！」

「はい」だろ、と注意する気はもう失せていた。3日目になって自転車の旅にもだいぶ慣れただろうし、昨日ほぼ100㎞走れたことが自信になったのだろう。不安に満ちた初日とは、表情がずいぶん違う。

ミーティングポイントを確認した一歩が先に走り出し、その姿が見えなくなるまで眺めてから、僕はゆっくりと自転車を漕ぎ出した。

天候が回復したこともあり、僕と一歩はそれぞれのペースで自転車の旅を楽しむことができた。

昼食は本渡市のうどん屋で済ませ、そこから先は一緒に走って、午後3時近くに口之津港行きのフェリーが発着する五和《いつわ》町に入った。

お昼を食べたときに今日の予定を確認し合っていた。港に着いたときにタイミングよくフェリーに乗れたら、さらに先へ進む。港でかなり足止めをくらうようなら、口之津港で今日の旅を切り上げて野宿の場所を探す、というように。

「一歩、見ろ。ちょうどフェリーが来ているぞ!」

鬼池港への入り口を曲がるとフェリーが接岸していた。絶好のタイミングだった。僕は自転車を止めて、切符売り場へと急いだ。

「おとな1枚と小学生1枚。それに自転車が2台です」

そう頼んだら、窓口の女性は「次のフェリーになります」と言った。

「えっ？　あのフェリーには乗れないんですか」

「もう間に合いません」

女性はそう言うが、すぐに乗り込めば問題なさそうに思える。しかし、要求には応じてくれなかった。通常なら1時間に1本程度の運航スケジュールだが、正月の期間は30分間隔のピストン輸送をしており、次のフェリーはすぐ30分後に出航しますから、と女性は説明した。

「しかたない。次のフェリーに乗って今日は口之津で終わりにしよう」

「……わかった」

一歩は沈んでいた。何も言わず、待合所でただ30分を過ごし、僕と一歩は次のフェリーに乗った。

そして口之津港に到着したら、一歩が言った。

「おとうさん、もっと走りたい」

そう言い出すんじゃないかと思っていた。一歩が感じること、考えていることはだいたいわかる。なんせ親子なんだから。

「よし。ここから20㎞先に小浜《おばま》温泉がある。そこなら野宿できる場所もあるし、温泉も入れる。そこまで行くか？　そのかわり着くころには日が暮れてしまうけど、いいか？」

「うん！」

口には出さなかったけど、やる気を出している一歩を「偉いぞ」と誉めてやりたい気分だった。

一歩が先頭を走り、僕は10ｍほど間隔を保って後ろに続く。

自転車を漕ぐ一歩の背中を、海に沈みつつある夕陽が照らしている。肩幅は狭いし、小さな背中なのに、何となくたくましく感じられる。少年が荷物を積んだ自転車を夢中で漕いでいる後ろ姿っていいものだな、と父親の立場とは関係なく思った。

後ろから追い抜いた車が軽くクラクションを鳴らしたり、手を振って一歩を応援してくれたが、その後ろ姿からは応援したくなるオーラが出ていたような気がする。

わが子の背中を見ながら旅できることに幸せを感じた。

こうして夕暮れの中を走ること、約1時間。小浜温泉に着く前に日が暮れてしまったが、ここは何年か前にテント泊しているので、場所探しには困らなかった。

国民宿舎の前の小さな公園にテントを張り、一歩と温泉に出かけた。

「なあ、一歩。お風呂から出たら今夜は焼肉にしようか」

「うん！」

一歩は飛び上がらんばかりに喜んだ。妻が肉を苦手なこともあって、うちでは焼肉をする機会がほとんどない。1年前に一歩と日本海から大平洋まで走る自転車の旅に出かけたとき、初めて焼肉屋に連れていったのだが、カルビを食べた一歩は、こんなうまいものが世の中にあったのか！　と目を丸くし、それ以降は一歩にとってのごちそうランキングは鶏の唐揚げから焼肉へと、順位が入れ替わったのである。

焼肉屋に入った一歩は終始ご機嫌で、「おかあさんには内緒にしておこうね」と言って、肉をたらふくたいらげた。でも、肉を食べ過ぎて胃もたれを起こした経験があるので、サンチュで焼肉を包むことも忘れなかった。


妻たちとゴール地点の唐津で待ち合わせたのは、3日後の1月7日。

これまでのペースで走れば、あと2日間で到着してしまうから、小浜温泉ではのんびり寛ぐことにした。

海に面した極上の露天風呂が朝7時からオープンしているので、テントをすばやく撤収したあと、ふたりで出かけた。

海風がひんやりと心地よく、いつまでも入っていられる。熱くなったら外に出て涼み、寒くなったら湯舟に入る、という入浴法を繰り返していたら、少々のぼせてしまった。湯上がりに公園に行き、遅い朝食をとりながらこれからの進路について一歩の考えを聞いた。

ここから唐津へ行く道路は有明海側を北上するルートと、大村湾側を北上するルートが考えられる。

一歩は有明海側を走って佐賀市に寄り道したいと主張した。その理由は、お笑いタレントの『はなわ』が佐賀にある牛丼屋は吉野屋ではなく吉田屋、と歌っているからで、その「吉田屋の牛丼を食べてみたい」とのことだ（こうして原稿に書くのがはずかしいくらい低次元の動機だが、事実だからしかたない）。

「でも、一歩。佐世保に行くとおいしいハンバーガーが食べられるぞ」

「えっ！　ほんとう？」

「ああ。佐世保は日本で最初にハンバーガーをつくった街で、おいしいハンバーガー屋がたくさんある。佐世保バーガーとして有名なんだ」

「だったら、佐世保に行く！」

米軍基地のある佐世保には、オリジナルの手作りハンバーガーを食べられるショップが20軒ほどあるのだ。

「じゃあ、そうするか。今日は大村あたりまで行って、明日の昼はハンバーガーを食べよう」

小浜から佐世保までは90㎞以上ある。温泉に入ったり、公園でのんびり過ごしたものだから、時刻は午前10時を過ぎている。約50㎞先の大村あたりが今日の予定地としては適当だろう。

しかし、一歩は応じなかった。

「今日中に佐世保に行って、夕飯にハンバーガーを食べたい」

「いまから佐世保はきついって。明日の昼に食べればいいだろ」

「今夜ハンバーガーを食べて、明日もハンバーガーを食べたい」

「あのなあ……」

こいつは食べ物のことしか頭にないのか、と呆れたが、今回の旅は一歩に主導権があると約束したので、意見を尊重しなくてはならない。

そこで僕は地図を広げて条件を提示した。午後4時までに佐世保から約20㎞手前の川棚《かわたな》駅に到着できれば佐世保まで行く。1分でも過ぎるようなら、今夜の佐世保をあきらめて近くにテントを張る、という内容だ。ただし、無理をしてはならない。ちゃんと休憩時間をとったり、お昼の時間も休んだうえで、と条件を加えた。

「わかった。そうする」

交渉成立後の一歩は、昨日以上にやる気がみなぎっていた。それまでの3日間と比べて平均時速は2、3㎞速い気がする。その活力の源がハンバーガーだと思うと、ため息が出るが、旅人のモチベーションなんて案外そんなものかもしれない。

結局、川棚駅に到着した時刻は、交渉の条件を十分にクリアする午後3時45分だった。

こうなると佐世保まで行かないわけにはいかない。佐世保に近づくに連れて雨が降り出し、交通量も格段に増えたが、一歩は果敢に走り続け、夕方5時過ぎに佐世保駅に到着した。

ハンバーガーの前に、まずは今夜の宿の確保である。

一歩とともに駅の観光案内所に行き、応対に出た女性に「一番安い宿を紹介してください」とお願いした。

こういうときに愛想笑いをしたり、「お金がないものですから……」などと卑屈になってはならない。旅の費用を安くあげたいのは当然のことなんだから、僕は胸を張って堂々と接した。自分は長年こうして旅を続けてきたわけだし、節約は恥ずべきことではないんだと、わが子に伝えたかった。

女性は素泊まり2500円の宿を斡旋してくれたが、正月で休業しているのか連絡がつかなかった。それ以外にも何軒か紹介してもらい、ふたりで素泊まり7000円の宿に落ち着いた。

ついでにおいしいハンバーガー・ショップを紹介したパンフレットをもらったが、一歩は「どの店にしようかな?」と、そのパンフレットを10分以上眺めて悩んでいた。

検討の結果、出かけたのはパンフレットの表紙にもなっていて、宿からも近い『ビッグマン』という老舗のショップである。

特製の厚切りベーコンエッグバーガーをほおばった一歩は至福の笑顔になり、「大きくなったら佐世保に住みたいなあ」と真顔で言った。

「いいか、一歩。店を出るとき『おいしくいただきました』と、お礼を言ってごらん。喜んでもらえるから」

一歩は「そんなあ……」とはずかしがっていたが、勇気を出して口にしたらショップの女性に感激され、やたらと照れまくっていた。

その夜、指宿の湯治宿に滞在している妻に電話すると、そっちはそっちで盛り上がっているようだった。

犬たちは近所の子供たちにボール投げで遊んでもらっているし、小学1年生の南歩は近所に住む同い年の女の子と仲良くなり、一緒に夕飯を食べて、さらに彼女を部屋に呼んで一緒に泊まる展開になっているという。

一歩とは正反対の、女性に対して積極的な南歩の性格は一体、誰に似たのだろう？

佐世保から唐津までは80㎞程度の距離だ。

「毎日食べたいなあ」と喜んだ。

1日で到達できる距離だが、僕らは急がずに翌日のお昼に唐津到着の予定を立てゆっくりと旅立つことにした。

お昼にもう一度佐世保のハンバーガーを食べたいという一歩の希望もあったからだが、自分の足で前へ進んでいく満足感と達成感だけが自転車の旅の魅力ではないことを、一歩に伝えたいと思ったのだ。

佐世保から有田に行き、そこから伊万里をめざして国道202号を走った。いままではただ走るだけだったけど、休憩時間に一歩に簡単な地理の説明をすることにした。現地でその土地の話をするのは最高の社会勉強だと思う。

「このへんは焼き物が有名なんだ。有田焼もあるし、伊万里焼もある。ゴールの唐津にも唐津焼があるんだぞ」

そう説明したら一歩が僕に聞いた。

「へーっ、それっておいしい?」

「違う。その焼き物じゃない!」

こいつの頭の中は食べ物のことしかないのか、と呆れてしまった。

伊万里市から海沿いを北上し、海に架かる橋を渡って福島町に入った。とくに目的があったわけではない。橋が架かっているとはいえ、島なんだから野宿するにはいいんじゃないかと、なんとなく思っただけである。

キャンプ場と表示されている場所もあったが、風は強いし、ロケーションもよくなかったので、そこを避けて、運動公園の隅にある休憩所を野宿の場所に選んだ。すると一歩は、

「ここにテントを張ってもいいの?」と質問をした。

「大丈夫だ。どこにもキャンプ禁止とは書いてないだろ。こういう公園は利用者がほとんど来ない。人に迷惑がかからないように日が暮れてからテントを張って、翌朝すぐにテントを撤収すれば問題ない。公園の管理人がもし来たら、『旅人ですけど、テントを張らせてもらえますか』ってお願いすればいいんだ。だめって言われることはほとんどない。日本はそんなに悪い国じゃないから。断わられたら他の場所を探せばいいだけの話だ」

一歩にそう教えてから、僕らは近くの食料品店に買い物に出かけた。

今夜の夕食は、買い出しも作るのも一歩にまかせるつもりである。

店に入った一歩はインスタントラーメンと魚肉ソーセージだけを買って済まそうとした。

「もう少しいいものを食わせろよ」と注文したら、一歩はスパゲティーを選んだ。茹でたスパゲティーに永谷園のお茶漬け海苔とマヨネーズを和えるだけの簡単なメニューだが、意外にもおいしく、わが家の旅先での定番メニューになっている。

夕食のあと、一歩にテントを張らせ、ペグで四隅をしっかり固定してからテントの中に入った。5泊6日のツーリングも今夜が最後である。僕は一歩にあらためて質問した。

「今回の旅は楽しかったか?」と。

「うん、楽しかったよ」

「どういうところが?」

「知らない所を走っていると、ワクワクして楽しい」

「……そうか、そうだよな……」

その答えを聞いて僕は考えた。

生後5ヶ月で出かけたカナダから始まって、小学校入学前の熊野古道や小学2年生で安曇野まで自転車ツーリングしたりと、僕は機会あるごとに一歩を旅へ連れ出した。

いろんな場所に出かけ、経験を積ませることは学校で習う勉強以上に意味があると、僕は考えていた。でも、これからはそれが逆に旅人として成長していくであろう一歩の将来的な楽しみを奪うお節介になるかもしれない。

「なあ、一歩。これからはおまえをあまり旅には連れていかない。自分ひとりで旅に出なさい。自分のお金で、自分で考えて行動してごらん。そのほうがずっとおもしろいから。おまえもおとうさんと同じで、そういう旅のほうが合っているはずだ」

「うん、そうしたい！」

すぐにとはいかないだろうが、4月から中学生になるわけだし、一歩がひとりで旅に出るのはそんなに遠い先の話ではないように思う。


その翌日、お昼前に唐津に到着し、妻たちに笑顔で迎えられて、九州縦断のツーリングは無事に終わった。

家に帰ってから一歩は旅の記録をまとめたが、ほとんどが「朝食パン、昼食カレー、夕

唐津の海岸にゴール。旅の余韻に浸った。

食焼肉」というように食べ物のことばかり記してあって、妻に呆れられていた。

でもエピローグに「僕はこの旅で、自転車でいくおもしろさがわかりました。この旅を自分の宝物として大事にしていきたいと思います」とまとめられていて、僕は感心した。

一歩が今回の旅で成長したかは、わからない。ただ僕は以前に比べて一歩に対する小言が減ったように思う。

旅で成長したのは息子ではなく、父親だったのかもしれない。

親子旅ルートマップ

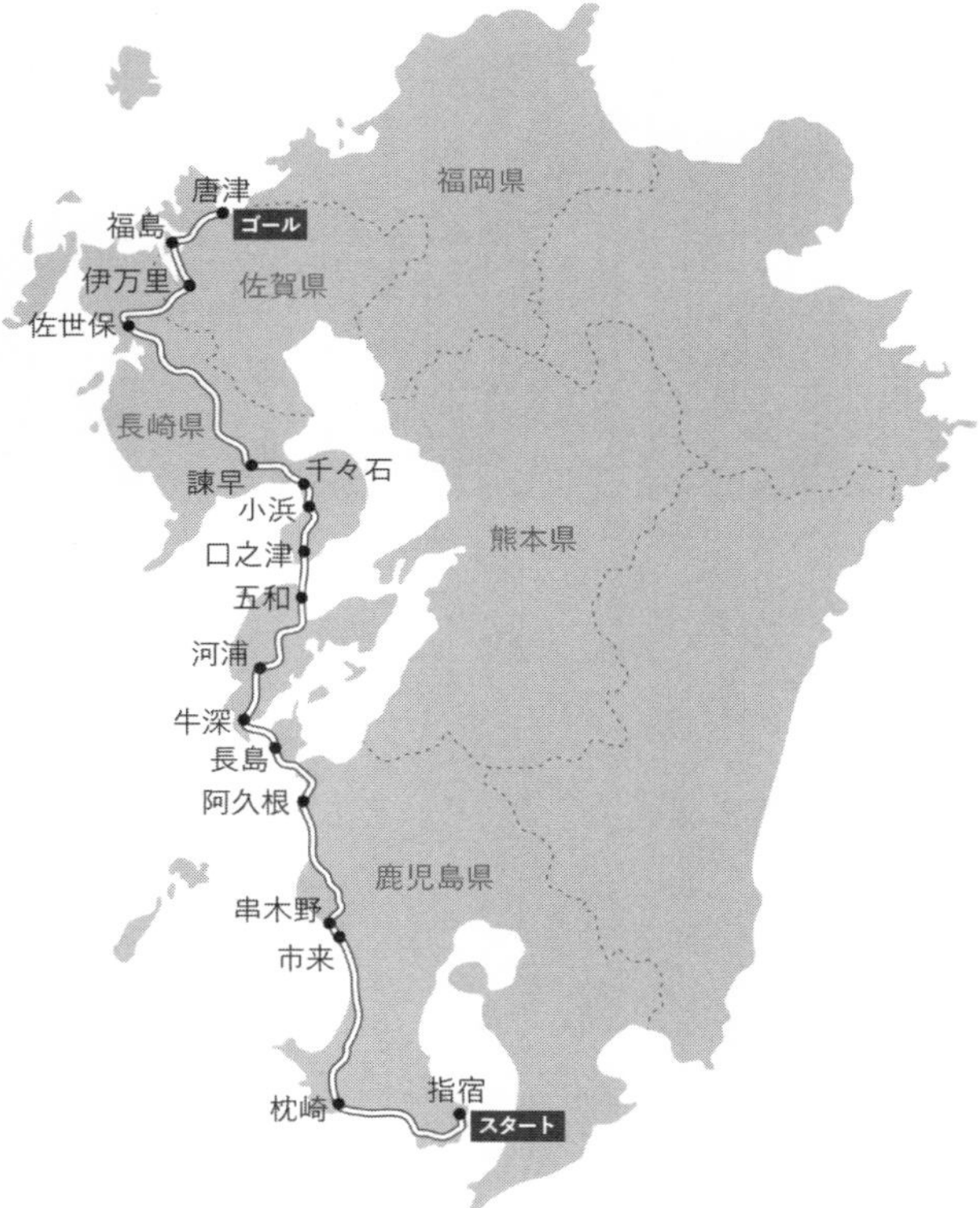
福岡県
唐津
ゴール
福島
伊万里
佐賀県
佐世保
長崎県
諫早
千々石
小浜
口之津
熊本県
五和
河浦
牛深
長島
阿久根
鹿児島県
串木野
市来
指宿
枕崎
スタート

第3章 ニッポンの山をバックパッキング

2006年　僕：45歳　一歩：14歳（中学2年生）

山小屋泊の残雪期八ヶ岳登山

4月29日午前5時45分。学校がある日は起こさなければ起きてこない一歩なのに、約束の時間ぴったりに起きてきた。

準備は昨晩のうちに済ませてある。ふたりでクルマに乗り込み、妻と犬たちに見送られて出発した。

GW初日とあって、早朝だというのに中央自動車道の交通量は多い。走行車線に合流してふと横を見ると、一歩はブスーッとした顔で助手席に座っていた。

「どうした？　眠いのか？」

「いや。眠くない」

一歩はぶっきらぼうに答えたあと、少し間をあけて言った。

「……ちょっと緊張してる」

「そうか。初めての山登りだもんな。でも大丈夫だ。ニホもトッポも登ったことがある山だ。犬に登れたんだから人間のお前に登れないわけがない。安心しろ」

そう口にしてから、逆に緊張させてしまう不適切な発言かもな、と思った。そして一歩の緊張をほぐしてやろうかと、カーオーディオに接続したｉＰｏｄに手を延ばした。

「何か聴きたい曲、あるか?」

「えーっと……。青春の影」

「またそれかよ!」

チューリップの『青春の影』は、僕が中学2年生のときにヒットした古いバラード曲である。どこで耳にしたか知らないが、なぜか一歩のお気に入りで、こっそり自分の部屋で何度も聴いているのである。

「朝から聴く音楽じゃないな。元気が出る曲にしよう」

そういって僕はビリー・ジョエルの『プレッシャー』をかけてやった。この選曲の意図が、一歩にはわかるまい。

一歩が登山に興味を持ち始めたのは、中学生になってからだ。

僕はシーズンごとに日本の山を縦走し、紀行エッセイをアウトドア雑誌に執筆しているのだが、その記事に一歩が関心を示すようになった。

そのうち連れていってやるからな、と約束したものの、八ヶ岳の麓に暮らしているため「いつでも行ける」意識が強くて、約束を果たさないまま時が流れてしまった。

しかし、うちの子たちから「オッサン」と呼ばれて親しまれている友人のNくんがわが家に来て「なあ、一歩。今度オッサンと富士山に登ろうか」と誘い、一歩が「うん！」と喜んだときは、やばいなと思った。

日本一の山もいいけど、やはり一歩の最初の登山は、自分たちが暮らしている八ヶ岳に登らせたい。それにキャンプや自転車の旅がそうだったように、息子の最初の登山は、父親の僕が連れていくべきだと思っている。

できればわが家から見える八ヶ岳の主峰、赤岳に登りたかったが、今年は例年になく残雪が多い。無雪期でもきつい赤岳にビギナーの一歩を登らせるのは危険だと判断し、わが家からは見えないけれど、八ヶ岳連峰のほぼ中央にそびえている秀峰、天狗岳を選んだ。

西峰と東峰がある天狗岳は、登山道の勾配がそれほどきつくなく、アプローチも短くて済む。ゴールデン・レトリーバーのニホも歩いたことがあるし、ラブラドール・レトリーバーのサンポの娘、トッポも歩いているくらいだ。

登り口のひとつである渋ノ湯からのコースタイムは約4時間。天狗岳に登ったあと、中腹の黒百合平の山小屋に泊まる余裕ある登山計画を立て、父と子の初登山は始まった。


家を出発して30分もかからずに、諏訪インターに到着。茅野の市街地を抜けたところでコンビニに入り、朝食用のおにぎりやパンを買って、渋ノ湯方面への峠道を進んだ。

ＧＷの八ヶ岳は駐車場が満杯になると思って早めに家を出たのだが、渋ノ湯の駐車場には3台のクルマしか停まっていなかった。

渋ノ湯で2日分の駐車料金２０００円を払ってからクルマの中で朝食をとり、ゆっくりと出発の準備を進めた。

身長は妻よりも少し高く、足のサイズは僕よりも少し大きい。それが現在中学2年生の一歩の体型だ。ウェアやジャケットは妻から借り、トレッキングシューズは僕の持ち物の中から一番大きいサイズを選んで渡しておいた。そしてバックパックはデイパックよりも一回り大きいモデルを選び、中には食料と水、ヘッドランプ、防寒用のジャケットやレインウェアなどを入れた。

午前8時30分に渋ノ湯を出発。空は曇っているが、予報によれば午後から回復に向かうとのことである。

渓流に沿って車道を進むと登山道の入り口に小さな小屋があって、若い男性が中から顔を出した。

「登山者カードをお願いします」

そこにはグループ名や連絡先、行程や装備を記入する用紙が置かれていた。用紙には八ヶ岳連峰の山頂や主要峠などが書かれてあり、通過する予定のルートを○で囲むように指示されている。僕は黒百合平と中山峠、そして天狗岳を○で囲み、黒百合ヒュッテに宿泊と記入した。

「天狗岳にピストンですね」

男性の問いかけに「はい」と答え、一歩には「ピストンっていうのは往復するってことだ」と教えた。

「残雪が多いから注意してください。ここからずっと雪です。アイゼンを持っていますか？　持っていたらここでつけたほうがいいですよ」

男性の言葉どおり、渓流の向こう側から始まる登山道は氷雪に覆われていた。僕は6本爪の軽アイゼンをバックパックから2セット出し、1セットを一歩に渡した。

「つけ方はわかってるよな」

「うん、大丈夫」

昨日教えたとおりのやり方で、一歩はトレッキングシューズに軽アイゼンを装着した。そして渓流に架かった木の橋をそろりと渡って、登山道に入った。

気温はそれほど低くないが、北斜面の登山道は固く凍っていた。それを見た一歩の表情も固まっている。

「アイゼンを装着しているから大丈夫。つま先で歩かずに、6本の爪が刺さるように足を乗せるんだ。それでも滑るときは、アルミ缶を踏みつぶす感覚で足を雪面に強く踏み下ろせ。わかるか？」

最初はおそるおそる凍った斜面に足を乗せた一歩だが、しっかりグリップすることがわかって安心したみたいだし、アイゼンの威力に新鮮な驚きを感じているようだ。足の運びと、次のステップの位置を一歩なりに考えて、ゆっくりと歩き出した。

「そうだ。アイゼンの爪が氷にがっちり食い込んでいる場面をイメージして、ゆっくり登ったらいい」

「うん、わかった」

それから会話がなくなり、一歩を先頭に僕らは黙々と歩き続けた。

いまこいつは、一歩ずつ前進する充実感と一歩の重みを実感しているに違いない。僕はそう思い込み、一歩と名づけた父親としてのささやかな幸せをわが子の背後で感じた。

凍ったトレイルは歩き始めの数百mくらいで、その後は足が少し埋もれる程度に雪が深くなり、歩きやすくなった。

途中で年配の男性グループを追い越して午前10時に黒百合平に到着。コースタイムよりも1時間早い。一歩は疲れたそぶりもなく、僕に似て細い目だけど、その瞳にはやる気がみなぎっていた（ように感じた）。

山小屋の影で風を避けてホットココアを入れ、天狗岳東峰の山頂をめざして再び歩きはじめた。

天狗岳の登山道はところどころに雪の吹きだまりがあったが、スキーなどで雪に慣れ親しんでいる一歩は、ルートを自分で選んで登っている。

「どうだ、一歩。楽しいか？」

「うん」

「来てよかったか？」

「うん」

くだらないことをいちいち聞いて答えさせている自分が、感動を押し売りしている

アイゼンの歩きにも慣れて黒百合平に到着。

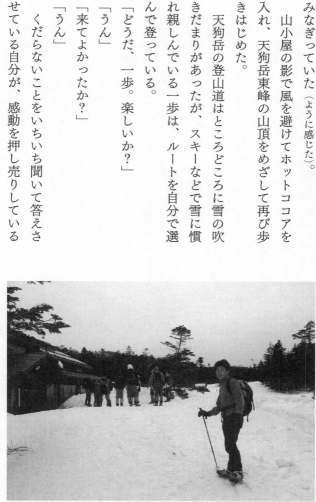

みたいでいやだなあ、と後になって自己嫌悪に陥ることがわかっているくせに、それでもつい口にしてしまった。

表情が豊かで陽気に生きている小学3年生の次男、南歩と違って、一歩は感情を表に出そうとはしないし、積極的に親と会話を交わそうとはしない。それは生まれながらの性格も関係あるけど、そういう年齢になったということなのだろう。

以前は僕の都合に合わせて一歩を旅に連れ出していたが、中学生になってからは、一歩に合わせてこちらがスケジュールを組まざるをえなくなった。今回の登山にしても、僕はGWを外したかったのだが、一歩が「学校も部活も休みたくない」と言うものだから、GWの初日に登るしかなかったのだ。

親離れ、子離れの時期は確実に近づいている。

自分の子であることに変わりはないけれど、これからはひとりの人間として人格を尊重して一歩と向き合うように僕は努力しなくてはならないだろう。初めての登山だけど、僕と同じペースで歩き続ける一歩の後ろ姿を眺めて、そんなことを思った。

やがて山頂に近づくと、見事な眺望が広がった。

「一歩、後ろを振り返ってごらん。あれが蓼科《たてしな》山で、奥が北アルプスだ。僕らの歩いてきたルートもよくわかる。すごい景色だな」

山歩きのこの一瞬が僕は大好きだ。遥か遠くまで見渡せる場所で、歩んで来た道程の長さを実感できたとき、自分はあんな向こうからここまで歩いてきたんだ、と自己満足をおぼえる。言葉には出さないけど、一歩もきっと同じ思いに違いない。

「空がおもしろい。こんなの初めてだ」

一歩の言うとおり、不思議な空の光景だった。日本海側が晴れて、太平洋側は曇っている。その境目が空に線を引いたみたいにはっきりと分かれている。

「授業で寒冷前線とか、梅雨前線とか習っただろ。あれがその前線だ」

「へえ、本当に線なんだ」

「うそだよ」

「……」

こんなことを言っていると、そのうち相手にされなくなるだろうけど、ついからかいたくなってしまう。

ビギナーでも登れる山だけど、登頂の達成感は大きい。

天狗岳東峰到着、午前11時40分。山頂に登ると、それまで見えなかった南側の眺望が広がった。

いつも眺めている主峰の赤岳だけど、間近で反対側から眺めると、こんなふうに見えるんだぞ、と一歩に伝えた。

山頂には僕らを含めて5人いるだけだった。残雪の影響もあるだろうけど、アイゼンなどの装備が必要な5月の大型連休は夏山よりも登山客は少ないのかもしれない。

頂上から少し下った岩陰で、インスタントラーメンとフリーズドライの赤飯を食べた。

「うんめえ……」

一歩がにんまりと笑って、うれしそうに

ラーメンをすする。表情が乏しい一歩だけれど、好物を食っているときは別なんだな、と情けなくも微笑ましく思った。

天狗岳山頂ではゆっくり過ごしたつもりだったが、一気に下れたため、宿泊予定の黒百合ヒュッテに到着したのは、まだ日が高い午後1時40分だった。

「今日の行動はこれでおしまい。今夜はここに泊まるぞ」

山小屋に入ると、眩しかった雪の影響で室内はとても暗く映った。目が慣れると、すでに行動を切り上げた中年のグループが雑談をしているのが目に入った。いかにも登山客の集まりという雰囲気である。僕は山小屋の外に一歩を連れ出して、話しかけた。

風を避けて岩場でランチ。山ではインスタントラーメンもごちそうに感じる。

「ここでいいか？　それとももう少し歩くか？」

「家に帰るの？」

たしかに今から山を下りれば、余裕で帰れてしまう時間である。

「いや。せっかく来たんだから山小屋に泊まろう。ここ以外にも山小屋はいくつかあるんだ」

そう言って僕は一歩に地図を見せた。ここから北へ１時間半ほど歩くと高見石小屋があるし、青苔荘《せいたいそう》もある。

「どうする？　ここでのんびりするか？　それともまだ歩くか？」

「もっと歩きたい」

「よし。じゃあ、高見石小屋まで歩いてそこに泊まろう」

一歩の意志を尊重させたつもりだけど、僕も息子ともっと歩いていたい気分だったのだ。

黒百合ヒュッテには前日電話で予約を入れておいたのだが、「キャンセルしてもいいですか？」とスタッフに訊くと「はい、わかりました。またどうぞ」と、すんなり了承してくれた。黒百合ヒュッテは八ヶ岳を代表する評判の山小屋だが、人気の理由も納得できるスタッフの応対だった。

高見石小屋までのルートも、かつて犬たちと歩いている。しかし、今は雪に覆われているために景色は違って見えるし、雪が積もったトレイルは柔らかくて歩きやすかった。シラビソの林間コースを約1時間歩いて高見石小屋に到着。

黒百合ヒュッテよりも空いており、宿泊者は中年男女の6人組と、僕らと同じく父と子らしき2人組だけだった（ふたりの顔がそっくりだったからすぐに親子だとわかったけど、向こうから見たらこっちも笑えるくらいそっくりなんだろう）。

スタッフの話によれば、高見石小屋が混むのは、スノーシューのツアーがある冬場で、これからのシーズンはあまり混まないという。駐車場のある麦草峠から歩いて1時間の場所にあるから、日帰り客が多く、ここに泊まる登山者は少ないとのことだ。

薪ストーブが燃える小屋の中はとても快適で、寝室のある2階には豆炭コタツが2つあった。片方のコタツを中年グループが使い、僕らは父子連れと一緒のコタツに入った。

「なあ、〇〇くん。薪ストーブに豆炭のコタツなんてすごいな。こんなの初めてだな」と、父が息子に話すのを聞いて、僕は苦笑した。火と暮らす生活を送っているわが家では薪ストーブも豆炭のコタツも日常の暖房なのだ。

相手の親子に僕が「何年生?」と声をかけると、「中2です」と父親が答えた。「うちも同じですよ」と答えると、相手の父親も「そうですか!」と喜んだ。しかし当の本人たちは、会話を交わすわけではなく、お互いに照れ笑いを浮かべただけで、視線を合わそうとはしなかった。自分を振り返っても、中学のときなんてこんなもんだったかもしれない。社交性に富んだ中学生は逆に気味が悪い。

親子は愛知県の豊明市から来たとのことだった。僕らと同じく初めての山登りで、麦草峠から歩き出して1時間ほどでこの高

豆炭コタツが心地よくて、昼寝してしまった。

見石小屋に着いたが、疲れてしまったので、黒百合ヒュッテまで行く予定をやめてここで切り上げたという。僕らと逆のパターンだ。

そんな話をしている間に、一歩はコタツでうたた寝をしてしまったが、あちらの中学生は読書をしており、その違いにも苦笑してしまった。

午後6時からの夕食を終えると、そのあと午後8時の就寝まで、とくにすることがなくなった。1階の薪ストーブの前で寛いでいたら、一歩がフロントに常備されていたトランプを持ってきて、ニコリと笑った。

「おとうさん、トランプやろう」

「何をやるんだ?」

「ババ抜き」

ふたりでやってもつまらないだろうと断ったが、一歩が「1回でいいから」としつこく頼むものだから、ふたりでババ抜きをした。

案の定、カードは瞬く間に減り、カードを引くたびにカードを2枚捨てて、すぐに2択のゲームになった。そしてババが僕の元に残って、ゲームオーバー。おもしろみのまったくないトランプだったが、一歩は「おもしろかった」と喜び、今度は「7並べをしよう」と言い出した。

「いやだ」と答えると次は「じゃあ、神経衰弱」と言い出す。

「誰がするかあ！」とツッコミを入れたが、いつもと違う一歩のハイテンションぶりはどうしてなのか、不思議だった。高山病でハイになっているのかと心配したほどだ。

午後8時前に2階へあがって、布団を敷く。

豊明の父子は枕をつけて布団を敷いていたが、一歩は足を僕の頭に向けて布団を敷き、おまけにすぐに眠りに落ちてしまった。

消灯まで本を読もうと、重松清の文庫本『きよしこ』を開く。しかし、隣のひそひそ話の会話が気になって本の世界に入れなかった。

「なんでもいいから資格はとっておいたほうがいいよ。実際には役に立たなくても、おとうさんは月5千円もらえるんだよ。1年で6万円だよ」

「ふーん」

「ところでさ、ショウくんは将来何になりたいんだ？」

「そうかなあ……」

「そんなもんかなあ。おとうさんは、バスの運転手になりたかったんだ。人をたくさん乗せて、あんな大きな車体を動かすなんて、かっこいいと思わない？」

「しない」

「友達とそういう話はしないの？」

「まだわからない」

ふたりのそんなやりとりを、僕は布団の中でにやにやしながら耳を傾けていた。

ふだんは語り合う時間がない父と子が、溝を埋めるために山へやってきたのかな、と想像した。

僕は一歩に「将来、何になりたいんだ？」と聞く気はない。なんせ、父親の僕は25歳を過ぎるまで何をやるべきかがわからず、悶々と過ごしていたのだから。

でも、焦りを感じて悩んで生きていた時代はけっして無駄ではなかったといまでも思う。

翌日、僕らは高見石小屋を朝7時に出て、渋ノ湯には8時半に戻った。

一歩に「また山に登りたいか？」と訊くと、「うん！」と大きくうなづいた。

一皮むけたようなその表情を見て思った。昨晩のハイテンションぶりは、不器用な一歩なりの愛情表現だったのかもしれない。

親子旅ルートマップ

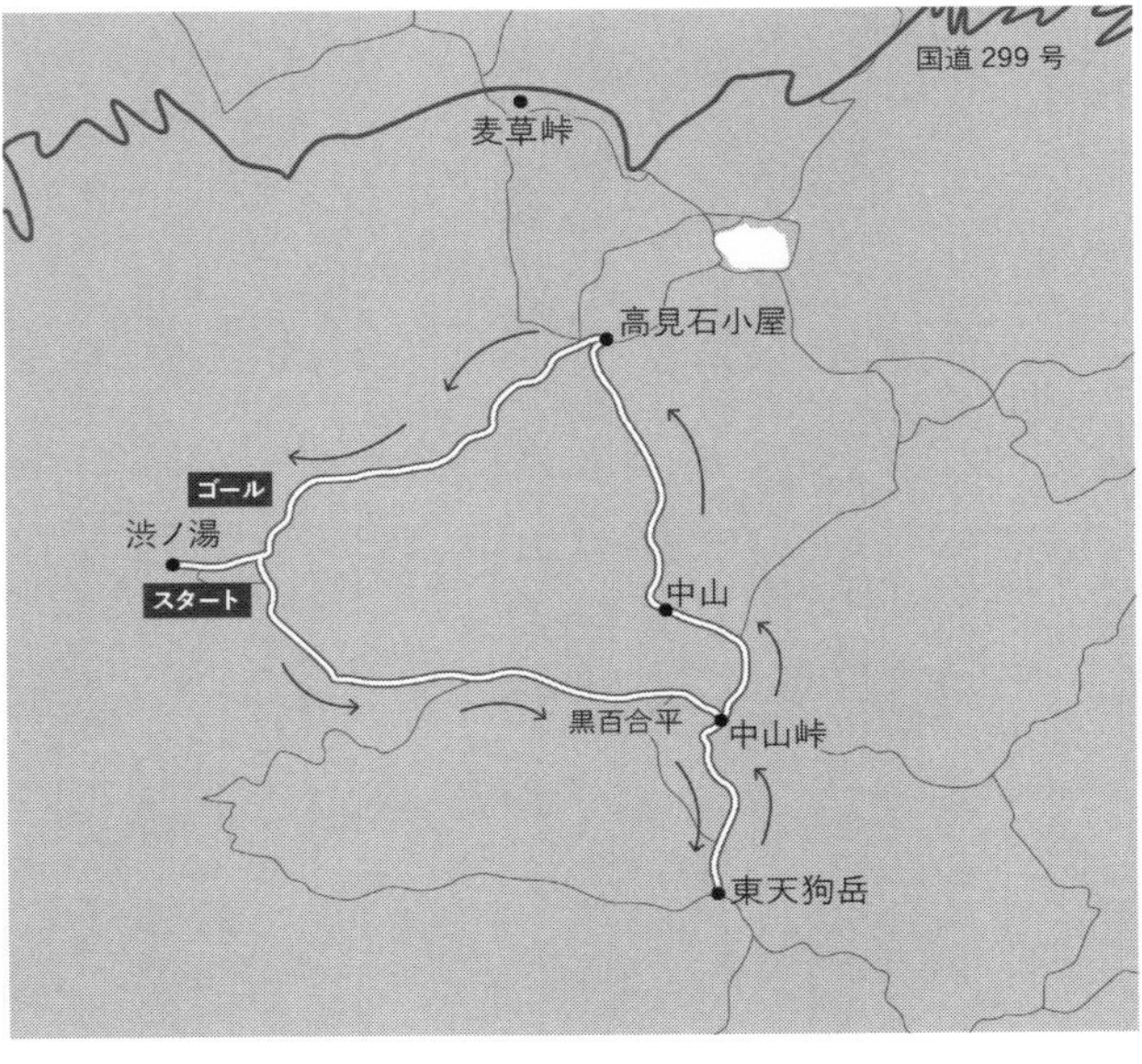

アメリカの高校生と上高地涸沢《からさわ》トレッキング

2007年の夏。わが家は梅雨明け前から浮かれていた。

アメリカの高校生が、ホームステイにやってくるのである。しかも、とびきりのハンサムボーイとあって、妻は「どの部屋に寝かせよう」「何を食べさせよう」と、テンションが上がりっ放しだった。

発端は1年前にさかのぼる。

八ヶ岳山麓のわが北杜市はケンタッキー州マジソン郡と姉妹提携を結んでおり、交流事業の一環として中学生のホームステイを実施している。市内の中学生16名が夏休みにケンタッキー州で約10日間のホームステイを体験し、その翌年はホストファミリーだった家の子供が日本へホームステイにやって来る隔年相互システムだ。

一歩は運良くメンバーに選ばれ、昨年の夏休みにマジソン郡でホームステイを満喫してきた。そして今年の夏はわが家がホストファミリーとして、1年前に一歩が滞在した家庭の息子グレッグを受け入れる側になった、というわけである。

グレッグは父親が銀行員で母親は美術の教師というインテリな家庭のひとりっ子だ。手足はすらりと長く、細面の端正な顔立ちはそれだけでもモテるのに、1年前のお別れパーティーではさりげなくバイオリンを奏でて日本から来た女子中学生たちの視線を独占したエピソードを持つ、王子様のような美男子である。

父親が不安定なフリーランサーで、親子そろって鼻ポチャ丸顔のわが家とは雲泥の差だが、なぜかグレッグと一歩は相性がいいようで、ホームステイに参加した女子中学生からは「グレッグと一歩君って案外いいコンビかも」と評されたらしい。

そんなグレッグと一歩をどこへ連れ出そうか、僕はあれこれ考えた。ホームステイ中のほとんどは団体行動のプログラムが組み込まれているが、7月28日から30日までの3日間はまったくのフリーで、各ホストファミリーが留学生を自由に連れ出していいことになっているのだ。

せっかくだから、日本ならではの美しい風景をグレッグに見せたい。でも3日間しかないから、移動に時間がかからないようにわが家から近い場所にしたい。

その観点から選んだのは、雄大な山岳の風景が楽しめる上高地と、古い街並が残る高山、そして僕が育った城下町の松本という、3ヶ所を結ぶ小旅行である。

初日は上高地まで行き、そこから徳沢まで歩いてキャンプ。

2日目は徳沢に荷物を置いて、雪渓や北アルプスが眼前に迫る涸沢《からさわ》までトレッキング。夕方に車で高山へ移動して、外国人が多く滞在する宿『力車イン』に泊まる。

3日目は高山の古い街並を散策したあと、松本へ移動して国宝の松本城を見学、というプランだ。

ホームステイに来た子をトレッキングに連れ出すなんて過去に例がないそうだが、自称バックパッカーの家庭にホームステイするわけだから、ニッポンの山のバックパッキングに連れ出すことが最良のホスピタリティーになるはずである。

7月28日土曜日。自宅を9時半に出発したあと、途中で食料や装備の買い出しをして、上高地方面に向かう。

グレッグは写真や一歩の話で見聞きしていたとおりの、おとなしい好青年だった。緊張しているからだろうけど、自ら言葉を発しようとはしない。僕らの英会話能力に問題があるのだとは思うが、こちらが質問したり、提案した事柄に対して「イエス」「グーッ」「ノー」と答えるくらいで、会話はそれ以上進展しない。

でも、自らの殻に閉じこもっているのではなく、僕らとのコミュニケーションをそれなりに楽しんでいる印象を持った。ホー

わが家に来たグレッグ。特別な10日間になった。

ムステイに来たアメリカ人の中には日本食を一切食べようとせず、部屋に引きこもっている子もいるそうだが、グレッグは妻が作った食事を積極的に食べるし、夜は一緒にトランプをしたり、チェスをして（うちの子と同じく、ゲーム機には興味がない）ずっとリビングにいる。そもそも口数が少ないシャイな性格なのだろうし、そのあたりがうちの一歩と似ていて、ふたりは相性がいいのだと思う。

トレッキングに出かけるメンバーは、グレッグと一歩、それに次男の南歩である。

小学4年生の南歩を連れていく理由は、会話が少ないグレッグと一歩だけでは、間が持たなくて気まずいかも、と判断したからだ。言葉の壁など関係なく、誰に対しても愛想をふりまいて笑いを誘う南歩がいれば、場が和む。いわば、人になついた犬を1匹連れていくようなものだ。

そのねらいどおり、南歩は上高地への道中、休むことなく話しかけてくる。「ねえ、おとうさん」「なあに？」「ぬねのっ！」というように。

一方、グレッグと一歩は黙って車窓の風景を眺めている。でも気まずい雰囲気はまったくなく、それなりに和んでいるようだ。

やがて道はトンネルをいくつもくぐる山岳道路に入り、昼過ぎに沢渡《さわんど》の大駐車場に到着した。

上高地はマイカー規制が施行されており、ここからはバスかタクシーを利用しなくてはならない。

グレッグに事情を説明して、僕らは出発の準備を進めた。

装備はすべて僕が用意した。グレッグと一歩の荷物が平等になるように、同じ装備を1セットずつそろえた。

40ℓのバックパックに、1人用テント、マット、寝袋、レインウエア、薄手のフリース、カトラリー、カップ、ヘッドランプ、そしてトレッキングシューズ。

すべて僕の私物だが、グレッグの靴だけはうちになかった。グレッグは身長175㎝、体重58kgでウェアは問題ないのだが、足のサイズは29㎝もあるのだ。

懇意にしているメーカーのメレルに相談したところ、1足だけ在庫があるとのことで、ローカットのモデルを提供してもらえた。その靴はグレッグにプレゼントしたが、日本のおみやげがトレッキングシューズなんて、うちだけだろう（しかもアメリカ製だ）。

準備ができたら出発だ。沢渡から上高地までタクシーは4000円で、バス代は片道1000円。4人で行くわけだから料金は変わらない。僕らはタクシーを選んだ。

天気は曇りで、予報によれば雨は降らないことになっていたが、タクシーが走り出してすぐに雨が降りはじめ、勾配がきつい釜トンネルを抜けると本降りの雨となった。

まいったなあ……。

子供たちの手前、平静を装っていたが、後悔と不安でいっぱいだった。

今夜は気持ちのいい草地が広がる徳沢のキャンプ場にテントを張る予定でいる。グレッグが気兼ねなく眠れるようにパーソナルなテントを2つと、僕と南歩が寝る2人用テントを用意したが、それが裏目となった。

4人が寝られる大きなテントをひとつ持ってきていれば、みんなで一緒に雨の夜を過ごせるが、雨で外に出られないパーソナルテントは孤立感を味わってしまうだろう。

なんとかしなくては……。上高地のバスターミナルに着いた僕は、3人をビジターセンターで待たせて宿泊案内所へ向かった。

夏真っ盛りのオンシーズンの週末とあって、どのロッジも満室だったが、村営徳沢ロッジだけは相部屋だけど4つベッドが空いていた。素泊まり6千円（小学生4千円）と高額だが、ホストファミリーの立場上、ケチってはいられない。

まあともかく、これでどんなに濡れようとも、2時間歩けば快適なロッジにたどりつける。安心して外に出たら、雨はしだいに止んでいった。

「山は天気が変わりやすいだろ」

3人にそう話したが、自分たちが背負っている荷物の大半が不要になったことまでは説明しなかった。


河童橋周辺は観光客であふれているが、少し歩いた小梨平のキャンプ場あたりから観光客の姿は消え、登山客やハイカーだけになる。

ここから明神《みょうじん》池を経て、徳沢、横尾までの11㎞は梓川に沿った平坦な道が続く。広葉樹の森に覆われた気持ちのいいトレイルだ。

運よく予約がとれた徳沢ロッジ。

グレッグにトレッキングの印象を訊ねると「グーッ」とだけ答えた。同じ質問を一歩にしたら「うん、いい」と答えてそれ以上は語らなかったから、容姿は違っていてもやはりふたりは似ているのかもしれない。

僕らは登山客とすれ違うたびに「こんにちは」とあいさつを交わして、トレイルをのんびり歩いた。

途中の明神池でゆっくり休憩をして、予約した徳沢ロッジには午後4時半ごろに到着。荷物を部屋に運んで寛いだあと、午後5時半ごろからロッジの軒下で夕食をつくりはじめた。宿泊している登山客のほとんどは食事つきで、自炊派は僕ら以外に2人いるだけだった。

調理は僕が得意のワンバーナークッキング。この日はパスタのタラコソースとツナ缶、コーン缶を使ったタラコチャーハンにリゾット、カップスープというメニューだ。

口にしたグレッグは「グーッ」と言い、一歩は「まあまあ」、南歩は「おいしい！」と評した。それぞれらしいコメントではある。

食の細いグレッグは満足したようだが、食いしん坊の一歩は物足りないようで「売店のカップヌードルを食べたい」と言い出した。「だめ。1個250円もするんだぞ。そんな高いカップヌードルが食べられるか！　水を飲んでがまんしろ」と僕は一喝した。

やがて食事を終えた宿泊客たちが煙草を吸いに外へ出てきた。するとその中のひとりが目を輝かせて「ひょっとしてシェルパ斉藤さん？」と、声をか

ロッジの外で自炊を楽しむ。

けてきた。

「ええ、そうです」

「ワアーッ、感激だなあ。私たちは長崎からグループで来てるんですけど、みんな斉藤さんのファンですよ」

そういって男性が僕らの写真を撮り出すと、他の人々も「私も撮っていいですか？」と次々にカメラを構え出した。

グレッグは何事なんだ？　という顔で呆気にとられているし、一歩は「へえ、山では少しは有名なんだ」と、こっそり言い、南歩は「おいらのおとうさん。おいらのおとうさん……」と、独り言のように小声を発した。

食後、3人の子たちは談話室に行ってトランプやウノのカードゲームをはじめた。他の宿泊客がいるから、大きな声を発せられない。その状況が笑いを増長させるのだろう。静かだけど陽気に笑うグレッグや笑いをこらえる愚息の表情につられて、そばにいた宿泊客らも笑顔になる。年配の男性が僕に向かって「素直ないい子たちだ」と褒めてくれた。

「いや、そうでもないですよ」と口にしたものの、場をわきまえて行動できるこの子たちを誇らしく思った。

翌朝、6時からロッジの朝食がはじまった。僕らは昨日と同じように軒下でシリアルの朝食をとった。

するとあの長崎の団体が出てきた。

今日の予定を聞かれて「涸沢まで往復するつもりです」と答えたら、女性が「涸沢に着いたらこれでアイスクリームでも食べて」と、折り畳んだ千円札を南歩に手渡した。

状況が飲み込めない南歩はポカンとした表情だったが、一歩は「やった。これでカップヌードルがちょうど4つ買える」と喜んだ。

たしかに、それはいいかもしれない。本日の昼食はフリーズドライのパスタの予定だったが、コッヘルが汚れる手間ひまを考えたら、カップヌードルのほうが手っ取り早い。

寸志をありがたく受け取り、グレッグも含めて僕らはみんなで女性にお礼を言い、徳沢ロッジの売店で1個250円のカップヌードルを4個買った。

徳沢ロッジにバックパックを預け、涸沢をめざして歩き出す。

グレッグと一歩は水と行動食とレインウェア、フリースだけを入れた軽量デイパックという装備で、南歩は空身。コンパクトストーブや南歩の装備は、南歩が背負ってきた小型バックパックに詰めて僕が背負うという軽量スタイルだ。

青空は望めないものの、そびえ立つ前穂高岳や明神岳が望める、まずまずの天気だ。横尾まで昨日と同じペースで快調に歩き、横尾で吊り橋を渡って細いトレイルにさしかかった。

荷物が軽いこともあって、みんなの足取りも軽い。バテることはないだろうなと思って歩き続けていたら、めったに口を開かないグレッグが振り向いて僕に言った。

「バンドエイドを持ってないか？」

「どうして？」

僕が聞き返すとグレッグは足元を指さした。それを見た僕は、「オーマイガーッ」と言いそうになった。グレッグの両くるぶしの皮が剝けて赤くなっているのだ。

迂闊だった……。グレッグの靴は用意したものの、ソックスまで頭が回らなかった。グレッグはくるぶしの下までしかないローカットのソックスを愛用しており、素肌のくるぶしが靴の縁にあたって皮が剝けていたのだ。さらに間抜けなことに、バンドエイドは持って来たものの、それは徳沢ロッジに預けたバックパックの中にある。どうすべきか悩んだ僕は、恥を忍んで人に頼ることにした。下山して来た老夫婦に「すみません。バンドエイドを持っていたら分けてもらえませんか」と頭を下げた。

「ああ、いいですよ」

1組目でいきなりビンゴである。親切にもその方は「予備に持っていきなさい」と、すべてのバンドエイドを差し出してくれた。

おかげでことなきを得たが、バックパッキングの旅を長らく続けてきた自分だけど、昨日のテントといい、バンドエイドといい、グループのリーダーには向いてないと反省した。

横尾から1時間ほど歩くと、道は急坂にさしかかる。ここから涸沢までは約2時間の登りが続く。グレッグと一歩を先行させ、僕は南歩のペースに合わせてゆっくりと歩いた。

やがて涸沢岳や奥穂高岳が眼前に迫り、トレイルは雪渓に入った。ただっ広い平原のケンタッキー州に住むグレッグにとって、真夏に雪が残っている山岳地帯の風景は新鮮に違いない。「こんな高い所まで登ってきたのは初めてだ」と顔をほころばせ、足元が滑る雪

涸沢に到着。夏でも雪が残る山の風景をグレッグは喜んだ。雪渓では雪玉を投げ合って遊んだ。

渓を喜んでニコニコ顔で歩いた。

無事に到着した涸沢では、さっそくカップヌードルを食べた。雄大でおいしい空気の中で食べると最高においしい。

一歩に「こういう所で食べると格別においしいな」と言うと、一歩は「カップヌードルはカップヌードルだよ。いつもの味と変わらないよ」と答えた。

「おまえは本当にかわいくないなあ。そもそもこのカップヌードルは250円もする高級品なんだぞ。ヘイ、グレッグ。テイスティー？」

「イエス、グーッ」

「ほら、グレッグはこんなにおいしいカップヌードルは初めてだって言ってるだろ」

一歩はケタケタと笑うだけで、何もコメントしなかった。

雲行きが怪しくなったので、12時前には下山。グレッグと一歩を先行させて、僕と南歩がゆっくりと歩き、ところどころで合流することにした。

休憩中に「グレッグと歩いているとき、なんかしゃべってるのか？」と一歩に聞いたが、「何もしゃべってない」と言う。

「ふたりで黙って歩いているわけ?」

「うん」

「つまらないんじゃないか」

「いや。おもしろい」

「どういうところが?」

「景色がいいところを一緒に歩いていると気持ちいいから。グレッグも同じだと思う」

ふーん……。なんか微笑ましい話だな、と僕は目を細めた。

徳沢に戻ってバックパックを受けとった後も、グレッグと一歩は並んで黙々と歩いた。たしかに会話はないけど、その後ろ姿からはお互いがパートナーであることが何となく感じられた。

下山して上高地からタクシーで沢渡に戻った僕は、近くの温泉にグレッグを誘った。他人と裸で湯船に浸かる習慣がないアメリカ人の子たちは温泉に入ろうとしない、とホームステイ仲間から聞いていたが、グレッグは入るはずだと確信していた。

2日間歩いて汗を流したいだろうし、他人の視線を浴びなくてすむように人気がありそうにない小さな温泉をあえて選んだのだ。

予想を見事にあたり、温泉には僕ら以外に1人いるだけで、グレッグはすんなりと温泉に入った。そして裸のつきあいをしたことで、僕らの距離はさらに縮まった気がした。


その後は予定どおり、高山に泊まり、高山見物と松本見物を楽しんで帰宅の途についた。

それから3日後、グレッグが帰国する朝がやってきた。

ホームステイ仲間がシティーホールの前に集まり、お別れのセレモニーが始まった。スピーカーからケンタッキーフライドチキンのCMでおなじみの「マイオールド・ケンタッキーホーム」の哀愁を帯びたメロディーが流れると、アメリカの女子たちも日本の女子たちも感極まって泣き出した。

やがてアメリカの友達がひとりずつバスに乗り込んでいく。

もうすぐグレッグの順番だ。振り返って一歩を見ると、人前では泣くことがない一歩がうつむいたまま顔をあげることができず、ポロポロと涙をこぼしていた。

1歳年上のグレッグは優しく微笑み、一歩の肩に手を置いた。そのブルーの瞳は心なしか赤く染まって見えた。

最後のときもふたりには会話がなかったが、心は深く通じ合っているんだな、と僕は確信した。

目頭が熱くなって、ふたりの姿をまともに見ることができなかったけれど。

親子旅ルートマップ

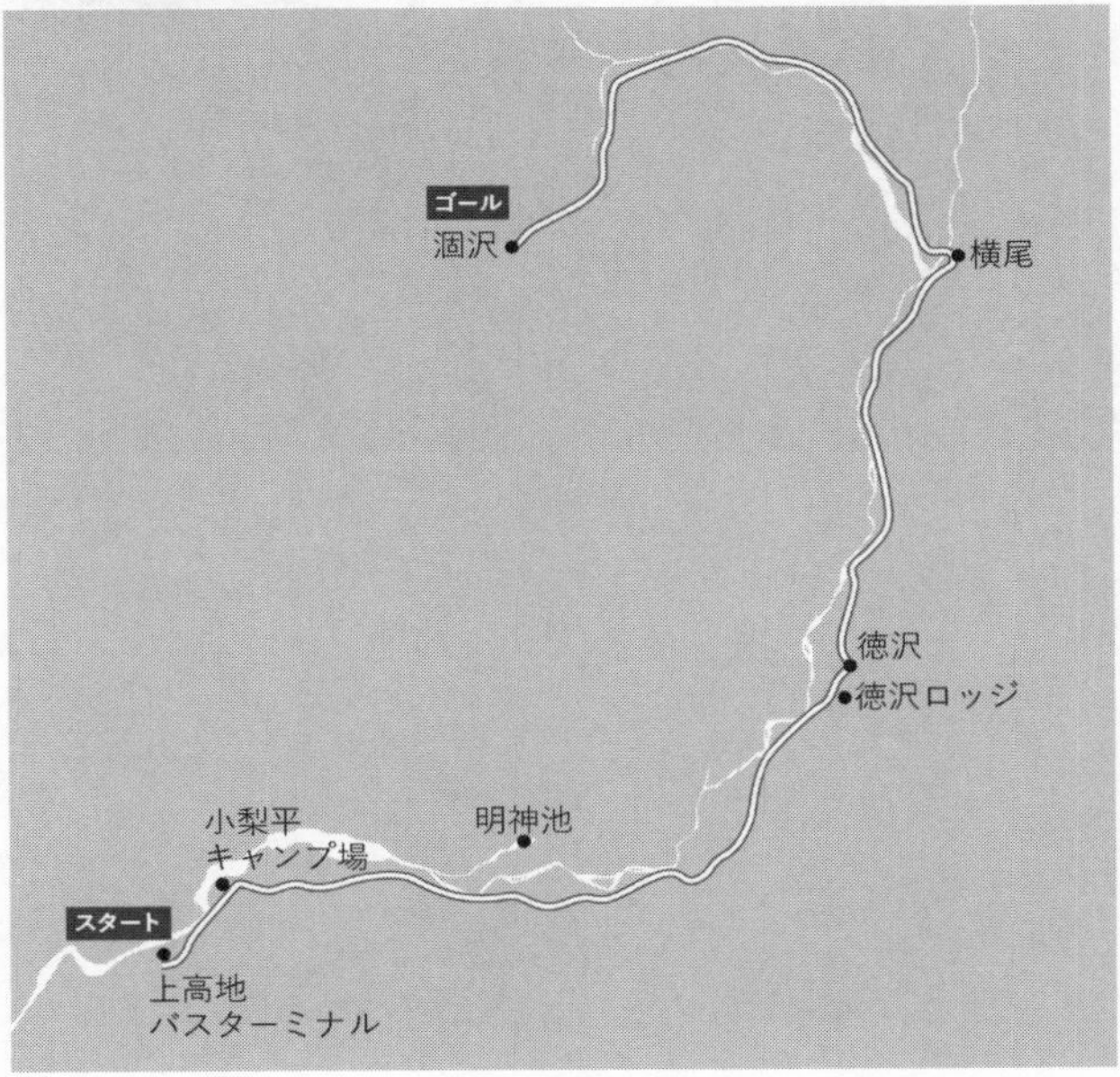

別れのときがきた。14歳の美しき友情。

第4章

50ccのカブで信州ツーリング

2009年　僕：48歳　一歩：16歳（高校2年生）

２００９年５月１日。

学校が振替休日の一歩とともに、地元の長坂警察署に足を運んだ。待ちに待った一歩の原付免許交付だ。運転免許課の女性から人生初の免許証を手渡された一歩は、運転免許証を数秒間じっと見つめた。記載に誤りがないか確認するように言われたからじっくり眺めたんだろうけど、胸のうちはニンマリしているに違いない。受け取る様子を背後で眺めていた父親の僕は、そう確信した。

家に帰った一歩は妻に真新しい運転免許証を披露したあと、声をはずませて僕に訊いた。

「スーパーカブに乗ってもいい？」

「ああ、いいよ。気をつけてな」

僕は一歩にスーパーカブのキーを渡した。スーパーカブのエンジン始動方法や運転の仕方はひととおり教えてある。敷地内を何度も走らせて、ブレーキ操作やシフトチェンジも学習させた。スーパーカブに乗るのは初めてではないが、公道をどこまでも走れる喜びはひとしおだろう。

スーパーカブのキーを差し込んだ一歩は、キックレバーを踏み下ろしてエンジンをかけた。チョークの使い方がまだ理解できていないが、スーパーカブはキック一発で軽快なエンジン音を響かせた。アクセルをひねって軽く空吹かしをしたあと、ローギアに入れて慎重に走り出す。シフトのタイミングもスムーズとはいえないが、そのうち自然と慣れてくるはずだ。

10分ほど近所を走って帰ってきた一歩は上機嫌だった。少年のころから感情を顔に出さないタイプだったが、顔が少しニヤついている。

「よし。じゃあ、約束どおり、今度の旅が終わったらこのスーパーカブを一歩にあげよう。どこを旅したいか、おとうさんが出かけている間に考えておけ。行き先はすべておまえにまかせる。スーパーカブは自転車と違って山道でも1日150㎞ぐらいは楽に移動できる。どこへでも行けるけど、2日間で行って帰ってこれるルートを考えておきなさい」

「うん、わかった」

そう約束を交わして、能登半島で開催されるアウトドアメーカー、モンベルのイベント『トライ&キャリー』に出かけた。毎年GWに開催されているイベントで、僕は毎回ゲストに招かれている。今年は5月2日から4日まで開催されるのだが、そのイベントから帰ったら、一歩とふたりだけでスーパーカブの1泊ツーリングに出かける計画なのだ。

僕がスーパーカブを購入したのは4年前。ヤフオクで走行距離3万8千㎞に達した中古のモデルを5万1千円で落札した。

50㏄のスクーターがその距離に達しているとエンジンに支障が出たりするが、メーターがひと回り（つまり10万キロ）してもへっちゃらといわれるスーパーカブは何の問題もない。壊れにくいタフなマシンでありながら、カタログに記載された燃費は1リッターあたり100㎞を超えるエコマシンでもある。1959年の誕生以来、基本的デザインやスペックがほとんど変わっていないところも含めて、すべてにスーパーなバイクなのだ。

スーパーカブを手に入れた僕は、野営道具を積んで日本全国を走り回った。西国三十三ヶ所や九州八十八ヶ所、北海道八十八ヶ所など、各地を巡礼する旅にも出たが、スーパーカブは頼もしきパートナーであり続けた。

荷物はたくさん積めるし、自動遠心クラッチで変速して走る運転も楽しい。旅の道中で故障したことはパンクも含めて一度もないし、平均燃費はリッター60㎞を記録した。郵便配達や新聞配達のプロ達が愛用する「はたらくバイク」は旅するバイクとしても最強であることを、中古のスーパーカブは教えてくれた。

そんなすばらしいマシンだからわが子に譲ろうと思う。甲府の高校に通っている一歩は、1年生のときは自宅から最寄り駅まで片道約4㎞の坂道を自転車通学していたが、原付免許を取得したこれからはスーパーカブで楽に通うことができるはずだ。

親の影響なのか、一歩は普通のスクーターよりもスーパーカブのほうがかっこいいと本気で思っているようだし、父から息子へ受け継がせるなんて、タフなロングセラーバイク、スーパーカブにふさわしいつきあい方だと思う。

ただし、すんなりと受け渡したくはなかった。

どうせなら一緒に旅をしてから譲りたい。僕がスーパーカブで旅してきたスタイルを息子に伝授してから、日本全国を旅したわがスーパーカブを譲りたい。将来、息子が旅人になってもらえるように希望を託したいのだ。いわば、スーパーカブを息子に授与する儀式のような旅に出たいのである。

その旅に出るためには僕が乗るスーパーカブが必要なのだが、タイミングよく友人が所有するスーパーカブを借りることができた。

正しくは新聞配達のために開発されたプレスカブというモデルで、新聞がすっぽり積めるフロントのカゴや大型リアキャリアが搭載されている。スタンドは頑丈でブレーキも強化されており、スーパーカブ以上にツーリングに適したカブである。

わずか2日間だけど、2台のカブで走る親子ツーリングは、一歩にとってずっと記憶に残る旅になってもらいたい。


5月4日の夜にモンベルのイベントから帰った僕は、すぐにカブツーリングの準備を開始した。

2日間の旅だからあまり荷物はいらないけれど、これまでの旅の装備はひととおり持っていくつもりだ。キャリアがしっかりとしたカブが2台あると荷物を分散できるから、いつもの装備も余裕で積載できる。

旅の目的地は日本海の糸魚川まで行く案で落ち着いた。糸魚川に何かあるというわけではなく、海を見れたらそれでいい、とのことだ。

最初は伊豆半島を候補にあげたが、GWの渋滞に巻き込まれたくないから、却下。「昔乗ったSLをもう一度見たい」と大井川への旅に変更したが、天気予報を見たらGW最終の2日間はほとんどの地域で雨。とくに太平洋側がひどく、かろうじて曇天で済みそうなのが日本海側で、ならば「日本海を見たい」という一歩の希望で糸魚川に落ち着いたのである。

予定しているコースは、八ヶ岳から諏訪湖を通って塩尻峠を越え、松本盆地から安曇野に入って国道147号を白馬方面に向かって糸魚川まで走る、というオーソドックスなルートだ。

一歩の祖母と伯父一家、つまり僕の母と兄の一家が安曇野市の穂高に住んでいるから、八ヶ岳から穂高まではクルマで何度も通っている。一歩が小学2年生のときは僕と自転車で穂高まで走ったことがあるくらいだから、新鮮味のないルートではある。でも今回の旅は一歩がルートを決めると約束したし、慣れたルートのほうが初めてのバイクツーリング

旅立ちの朝、一歩のスーパーカブと僕のプレスカブ。

には適しているのかもしれない。それに自分の運転でスーパーカブを走らせれば、おなじみの風景も違って見えることだろう。

　事前の計画では朝9時ちょうどに出発予定だったが、荷物の最終チェックをしたり、出発の風景を撮影しているうちに9時半過ぎの出発となってしまった。

「どうした？　緊張してるのか」

　ヘルメットを被った一歩の表情が固かったので訊いたら「うん」とうなずいた。

「大丈夫だ。茅野に出るまでは田舎道だから、信号もほとんどないし、車もあまり通らない。安心しろ」

「わかってる」

「最初は一歩が先に行け。小渕沢の先までの道はわかるだろ」

「うん」

今にも雨が降り出しそうな空と同じく、一歩の表情は冴えない。でも、この緊張感が味わえるのは今のうちだけだ。すぐに慣れてリラックスしてしまう。逆にいえば、この緊張感は貴重なんだぞ。そう伝えようかと思ったが、なんとなく照れくさくて言えなかった。

「じゃあね、気をつけてね」

妻に見送られて、一歩が先頭で出発。僕は一歩の後方からゆっくりとプレスカブを走らせた。

形式が少し違うとはいえ、同じ排気量の同じエンジンだから、加速も巡航速度も含めて対等な立場で走行できる。それに荷物を積んだカブが2台、しかも父と子でツーリングしている姿が、客観的に見ても微笑ましいんじゃないかと思った。

初めてのツーリングにしては一歩の走りは上出来だ。もっとも八ヶ岳山麓は信号がほとんどなくて気持ちのいい道路が続くから、ほんの数キロも走れば誰でもリラックスできるはずである。

妻に見送られて自宅を出発。一歩の緊張感が伝わる。

小淵沢を越えて長野県の富士見町に入ったところで、僕はクラクションを鳴らして一歩を止めた。

「どうだ、調子は?」

「うん、いい。すごく気持ちいい」

「よし。じゃあここからはおとうさんが先に行く」

この先は少々わかりづらい道になるし、国道20号と合流したら交通量も増える。僕のあとをついてくるほうが、精神的にも楽だろう。

「寒くないか? おとうさんはもう1枚着るけど。おまえも着たほうがいいぞ」

自転車や歩きと違ってオートバイの旅は体を動かさず、風にあたりっぱなしだから体が冷える一方になる。標高はますます高くなるからジャケットの下にフリースか、薄いダウンジャケットを着るようにアドバイスしたが、一歩は「いや、いい」と首を振った。

「少し寒いほうが眠くならなくていい」と言うのだ。

リラックスできたほうがいいだろうに、なんで寒い思いをして走らなきゃならないんだ、と親は疑問に思うのだが、本人がそういうのなら好きにさせよう。もう子供じゃないんだから。

やがて八ヶ岳山麓からゆっくりと諏訪湖に向かって道路は下っていき、国道20号に合流した。

バックミラーで一歩の姿を頻繁に確認したが、ちゃんと道路の左側を走って、後続の車が追い越しやすいポジションで保っている。

これなら大丈夫だろうと確信した僕は、岡谷を過ぎて塩尻峠に入る手前で前後を交代することにした。

「塩尻峠は迷うこともないから、一歩が先に行きな」

「うん、わかった」

一歩のスーパーカブは、塩尻峠へのワインディングロードを右へ左へと体を傾けて駆けていった。きっと「スーパーカブ、最高！」と思っているはずだと、その背中を見て思い込んだ。

自転車や歩きの旅は移動中にすぐ会話ができるが、オートバイはそうはいかない。誰かと一緒に旅していても、走行中は誰もが孤独だ。だから、お互いの心が通じ合っていると思い込むんだろうな。塩尻峠のワインディングロードを走りながらそう思った。

Keep leftを守って一歩は国道を走る。

名古屋方面からの国道19号と合流してからは再び僕が先頭になり、松本市内に入った。

松本は僕が高校卒業まで過ごした街だ。

思い出深き故郷の街を、高校生となった息子とともにカブに乗って旅をする。その現実を想うだけで、胸が熱くなる。

うちの父は祖父の急逝により、20代の若さで運送と建設の会社を受け継いだ。父が周囲の人間から「社長！」ともてはやされていたことを子供心に覚えている。

僕は父に遊んでもらった記憶がない。2歳年上の兄も、5歳年下の弟も同じはずだ。父は夜の街を豪遊するような社長で、子供と一緒にどこか遠くへ旅に出かけるなんて考えもしない男だった。

そんな父に僕は心を開けなかったし、父も子供たちに本心をさらけ出したりはしなかった。苦労知らずのお坊ちゃん育ちで見栄っ張りだったから、会社の経営が傾き始めても派手な生活を慎んだりはせず、手形を切るために借金を繰り返す自転車操業を続けて、ついにどうしようもない状況に陥った。

高校3年生の冬だった。父の会社の状況を何も知らなかった僕は私立大学の進学をめざして受験勉強をしていたのだが、2学期の終業式の朝、父は「どうしようもなくなったから夜逃げをする」と告げ、借金から逃れるため姿をくらませた。

その日から帰る家はなくなり、一家は離散状態となった。母は当時中学2年生だった弟を連れて松本を離れ、千葉、埼玉と渡り歩き、知人の会社の寮母となって弟を育てあげた。東京の大学に通っていた20歳の兄は、アルバイトで授業料と生活費を捻出して学生生活を続け、父親がわりになって家族をささえた。そして高校を卒業した僕は身ひとつで新宿の新聞配達店に住み込みで働きながら進学をめざした。

生きるも、のたれ死ぬも自分次第。これこそが真の自由なんだ。自分はそういう人間になったんだと開き直り、松本を遠ざけて同級生とも連絡をとらず、故郷を持たない都会の人間になる道を選んだ。

母と弟、兄、僕はそれぞれ離れて生活していたけれど、お互いが思い合って生きた。絆は強かったと信じている。一方、父とは疎遠になった。新聞配達の仕事を始めて半年後に僕と兄は、こっそり上京した父と浅草で会ったが、父は松本を離れてから自分がいかに大変だったかを涙ながらに語った。お前たちはどうしてる？　という言葉は一言もなかった。こんな人を父と呼びたくない、と強く思った。

あれから30年の歳月が流れた。

20代前半で結婚して家族を持った兄は、東京から安曇野に移り住んで家を建て、地域に根ざした生活を送っている。

母は埼玉の会社を辞めて三鷹の大学で寮母を続けていたが、定年退職後に東京を離れて兄一家と同居をはじめた。良きおばあちゃんとして孫たちに慕われて、華道の教室も開いて穏やかに暮らしている。

弟はカナダに移住してウイスラーで寿司屋を共同経営していたが、10年後に帰国。妻の実家に近い宝塚で暮らしている。

そして父は栃木県で新たな家族を持ち、会社も設立した。僕は父と断絶状態だったから詳しくは知らないが、一時期は羽振りのいい生活を送っていたようだ。しかし、再び会社の経営が行き詰まり、家族を残して自ら命を絶った。

父の死を知ったとき、僕は悲しみよりも怒りを感じた。30年前に家族を置き去りにして自分が先に逃げたように、再び父は家族の立場を考えずに自分が楽になる道を選んだのだ。

僕は父を最後までゆるせなかった。父のようにはなりたくない、なってたまるかと、自分に言い聞かせている。

そんな自分が哀しいし、情けなくも思うが、それが現実だ。自分がもっと年をとったら心変わりするかもしれないが（そう期待している部分もある）、父を反面教師にして、僕は息子たちを全力で守っていくつもりでいる。


途中で何度か休憩したこともあって時間を食ったし、めぼしい食事処はGWの影響で混雑しているために回避したから、昼食は午後1時半過ぎになってしまった。

入った店は、安曇野の小さなラーメン屋である。

ラーメンと鶏の唐揚げを食べて満腹になったところで、一歩は「眠い」と訴えたので、座敷で少し寝かせてあげた。そして10分後に起こして、今後の予定を話し合った。

「もう2時を過ぎたから、白馬へ着くのが3時半過ぎで、糸魚川へ着くのは5時過ぎになるかな」

ツーリングマップルを開いておおまかなタイムスケジュールを説明したら、寝ぼけ眼の一歩が言った。

「あのさ、できれば明日早く帰りたい。まだ宿題が終わってないんだ」

宿題のことを考えるとは、まじめな子である。高校時代の僕なら、宿題なんてほったらかしにして旅を楽しんだはずだ。親子とはいえ、この違いはまじめな長男といい加減な次男の差かな、と思ったりもした。

「そうか……。じゃあさ、白馬までにしようか。白馬から30分ほど戻ったところに木崎湖があってキャンプ場があるからそこにテントを張るのはどうだ？　木崎湖からだったら、明日のお昼過ぎには家に帰れる」

「うん。そうする」

日本海を見るという目標がガラリと変わったけど、この『行きあたりばっ旅』が僕らの旅だ。

糸魚川まで行ったら、明日も同じくらい時間がかかるわけだし、それに明日は今日よりも天気が悪いから、海を見るだけのために糸魚川まで行ったとしても、あとがつらくなるだけだ。最初のツーリングで嫌な思いをさせたくないという親心もあって、目標を白馬に定めた僕らは、軽やかにスーパーカブとプレスカブを走らせた。

白馬に到着した僕らは八方尾根スキー場に向かった。

今年の冬に一歩はひとりで八方尾根スキー場に出かけ、リフト営業開始から終了まで一日中スキーをしまくり、「八方尾根は最高だった！」と興奮して帰ってきた。

冬季オリンピックも開催された日本一といわれるスキー場が、この時期はどうなっているのか見てみたいというので、カブで行けるところまで行こうと、スキー場のリフトの支柱の先にある狭い道を登った。

やがて道はクルマ1台がどうにか通れるくらいに細くなり、ローギアまで落とさないと登れないような急勾配となった。そして舗装されていない山道になり、ノーマルタイヤのスーパーカブでは、タイヤが滑って走れない状況になった。

「この先はもう無理だ。あとは歩いていくしかないけど、どうする？」

「いや、いい。ここまででいい」

僕らは引き返すことにした。僕らのカブで走れる道の終点は樹木に囲まれて眺めも望めず、どうってことない風景だったが、一歩は「ふーん、雪がないとこうなってるのか」と、笑顔になった。そして自転車だと押して歩くのもつらい坂道を、スーパーカブだと楽々登ってこれたことに感激している様子だった。

そのあとスキー場から下り、ジャンプ台に行ってラージヒルのスタート地点までリフトで登った。400円のチケットを買えば、着地する斜面に沿って設置されているリフトに乗れて、さらにエレベーターでスタート地点まで到達できるのである。

ジャンプ台のスタート地点まで行くのは、僕も初めてだった。スタート地点からの風景は白馬一帯が望めて雄大だし、眼下には観客席があった。

あの長野オリンピックの原田や船木たちの感動と興奮が蘇ったが、一歩に「長野オリンピックを覚えているか？」と聞いたら、あっさり「知らない」と答えた。

長野オリンピックが開催されたのは1998年で、まだ一歩は小学1年生だったわけだから、それも当然だろう。スタート地点のある展望ロビーには、当時の資料があってVTRも流れていたが、雲行きが怪しくなって雨がポツポツと降り出したので、最後までは観ずに展望ロビーを離れた。

ジャンプ台の駐車場に戻った僕は、レインウェアとブーツカバーを着用するようにと一歩に指示した。

天気概況と雲行きから判断して、これから明日にかけて雨はずっと降り続くだろう。キャンプはやめて宿に泊まろうかな、という甘い考えがふと浮かんだ。

白馬のジャンプ台からの景色は格別だった。

白馬には僕が高校時代から世話になっている民宿がある。あそこに顔を出せばきっと歓迎してくれる。あるいはもうちょっとがんばって1時間ほど走れば、穂高まで行ける。穂高の母はカブに乗ってやってきた孫を大歓迎してくれるに違いない。それは僕にとっても親孝行にもなる。雨の中、無理してキャンプするのはやめようかな……。

しかし、その考えを僕は打ち消した。

このツーリングは、僕らの旅なのだ。

身内や知り合いを訪ねるのは、どんなに遠くまで走ろうがそれは旅じゃない。その逆に、近場だろうが、地元だろうが、旅人の気持ちでテントを張って泊まればそれは旅になる。今回のツーリングは、スーパーカブを息子に譲る旅であり、父がスーパーカブでどのような旅をしているのかを披露する旅だったはずだ。たとえ雨だろうが、嵐だろうが、予定どおりテントを張って泊まり、夕食もきちんと自炊しよう。

そう開き直って、白馬のスーパーマーケットで食料の買い出しをしてから、雨の国道147号を引き返して木崎湖方面に向かった。

木崎湖のキャンプ場はこれまでに2度利用している。

最初はゴールデン・レトリーバーのニホとバックパッキングの旅で泊まった。『史上最長の散歩』と題して八ヶ岳の自宅から松本まで歩き、その続編として数年後に松本から木崎湖まで歩いてテントを張った。

2回目はその旅から5ヶ月後。急逝したニホを追悼するためにラブラドール・レトリーバーのサンポとその娘のトッポを連れて、木崎湖でキャンプしてから日本海まで歩き、僕らの『史上最長の散歩』を完結させた。

3度目の正直とでも言おうか、ニホとサンポ母娘が泊まったあと、〝歩〟一族の親分格である一歩がようやくここに来たんだと思うと、妙におかしかった。

キャンプ場の受付で2人分の料金2400円を支払うと、若い男性は親しげに声をかけてきた。

「昨日まではすごかったんですよ。歩くとテントにぶつかるくらい混んでました。今日はラッキーですよ。どこでも好きな場所に張っていいです」

彼はそう説明したが、それでもキャンプ場には10組以上のキャンパーがテントを張っていた。

「おとうさんと息子さんですか?」

僕らの顔を見比べれば、一目瞭然だろう。

「はい、そうです。じつは4日前に免許をもらったばかりの高校生で、今日が初めての旅なんですよ」

そう説明すると奥にいた若い女性スタッフたちが、「エーッ! すごい!」と黄色い歓声をあげて歓迎してくれた。

受付を出てから一歩に「ウケてたな。うれしかっただろ」と声をかけると「そうかな。高校生でオートバイの旅に出る人が少ないから珍しいだけでしょ」と、やけに冷静なコメントを残した。

テントを張るころには、ありがたいことに雨は小降りになった。

スタッフもロケーションもよかった木崎湖のキャンプ場。

初めて長時間ヘルメットを被った一歩は、頭をどうしても洗いたいというので、キャンプ場から1㎞ほど離れたところにある温泉へカブで向かった。そして入浴後、家に電話をかけようと公衆電話を探した。心配しているかもしれない妻に、一歩の初ツーリングの報告をしておきたいのである。

ところが、温泉にもないし、その近くにあるコンビニにも、木崎湖の湖畔にも、公衆電話はなかった。

「キャンプ場にあるんじゃない？」

「いや、さっき見たけどなかった」

「いえば貸してくれるんじゃない？」

「いや、無理だろう」

僕はあきらめようかと思ったが、めずらしく一歩が積極的なので再びキャンプ場の受付に顔を出して、この近くに公衆電話がないか、聞いた。

「電話だったら、これ（固定電話）を使ってください。十円払ってもらえばいいですよ」

一歩の言うとおり、すんなりと電話を貸してもらえた。最初から電話を貸してください、とは言わずに、公衆電話があるかと訊いた自分が少しはずかしかった。

日本海まで行くのをやめたことと、雨だけど木崎湖でキャンプをしていることを妻へ簡単に報告したあと、テントサイトに戻って、入浴前に水に浸しておいた米を炊いた。

20代前半にオートバイで日本全国を旅していたころ、僕は貧乏だったから外食するお金がなく、毎晩テントを張って、米を炊いていた。切羽詰まった状況だったけど、コンパクトストーブで炊くごはんは最高においしかったし、炊飯術には絶対的な自信があった。

「炊飯はそれほどむずかしくない。最初は弱火で炊いて、グツグツしてきたら少し火力を強める。香ばしい匂いがしてきて、蓋が動かなくなったら超弱火にして5分ほど待つ。あとは火を止めて10分ほど蒸らせばできあがりだ」

一歩はどこまで理解できたかわからないが、その言葉どおりに炊いたごはんは、カニの穴と呼ばれる小さな穴が表面にあり、底にはおコゲが少々あって見事に炊きあがっていた。

夕食のメニューは、佃煮海苔の『ごはんですよ』をかけてごはんを食べたあとに、レトルトのカレーをかけるという手抜き料理だ。しかし、一歩は「おいしい、おいしい」と喜んで、ごはんを一気に平らげた。

食事のあとはテントの中に寝転んでラジオの野球中継に耳を傾けた。

横浜と巨人の試合だった。一歩は父の性格を受け継いでいるのか、巨人が嫌いで弱小球団の肩を持っている。セリーグよりもパリーグが好きで、今年のお気に入りは楽天である。

この日は珍しく横浜が勝っていて、46歳の工藤公康投手が登板していた。そして工藤がアウトをとるたびに、僕も一歩も「よし！」と応援した。

「さっき、どうしてキャンプ場の人が電話を貸してくれると思ったんだ？」

ラジオの野球中継がコマーシャルに入ったとき、僕はふと聞いた。

「え？　どうしてって、言われても……。なんとなく……かなあ」

名言を期待したけど、高校生らしい返答だった。

でも一歩は親が感動するような言葉をたまに口にしたりする。最近、僕が感動したのは1年ほど前に高校へ入学が決まったときだ。

一歩が入学した高校は甲府市内にある。甲府まで通っている地元の生徒は少なく、一歩が入学する高校には同じ中学の出身者がもうひとりしかいない。いわばアウエーの状態で、最初は友達ができにくいだろうから「携帯電話を買ってやろうか」と提案した。

僕は携帯電話が嫌いだし持つ気はないけど、息子には自分のライフスタイルを強要しない。高校生のほとんどは携帯電話を持っている時代だし、携帯メールは高校生のコミュニケーションツールとして欠かせない。新天地で新しい友人をつくるためにも、高校生活を充実させるためにも、携帯電話があったほうがいいんじゃないかと、父親の立場から提案したのだ。

しかし一歩はきっぱりと拒否した。

「携帯電話がなければできない友達なんて、友達じゃない。本当の友達は携帯電話がなくてもできる」

その言葉を聞いたときは、わが息子ながら「かっこいいじゃん！」と感動してしまった。ただし、それで本当の友達ができていればかっこいいんだけど、入学から1年以上経っても、家に呼べる親しい友達ができていないあたりが一歩っぽい。

でもあえて友人を作らなくても、ハンドボールの部活を楽しんでいるし、人は人、自分は自分というようにマイペースで生きていけるたくましさを身につけたようだ。

初めてのスーパーカブの長旅の疲れが出たのか、寝袋にくるまっていた一歩は居眠りをはじめた。

ここまで育ってくれたら、あとは僕がいなくなってもどうにか生きていけるかな。

そんな妄想を親が考えてしまうくらいに成長したんだなと、一歩の寝顔を見て思った。

予想どおり、翌朝も雨だった。

ビショ濡れになっても、あとは家に帰るだけだからと開き直って、僕らは雨の中を走り出した。そして松本の手前で進路変更をして、上田方面に向かって三才山《みさやま》トンネルを越えた。一歩が同じ道を通るよりも別の道を通りたいと言い出したからである。

佐久市に出てからは、これまた何度も通っている国道141号を走って八ヶ岳方面をめざした。そして途中からは一歩に先頭を走らせて、僕は一歩のあとをついていった。

体が芯から冷える。5月とは思えない寒い1日だった。標高1300mの野辺山高原は道路の気温表示が6℃しかなかった。レインウエアの中に雨が浸入して震える寒さを体感した。でも2日間のツーリングですっかり運転に慣れた一歩はへこたれていない。快調にスーパーカブを走らせて、午後2時過ぎに自宅へ到着した。

妻への旅の報告はあとでゆっくりするとして、僕らは近くの市営温泉へ向かい、冷えた体を湯船で温めた。

「どうだった、一歩。はじめてのカブの旅は」

「楽しかった」

「小学生じゃないんだから、もっと具体的に言えよ」

「スーパーカブがすごいなと思った」

それも小学生並みじゃないか、とツッコミを入れたくなったが、僕はフォローした。

「それはこういうことか。スーパーカブだとどこへでも行ける。未来が拓けたり、旅の可能性を感じたってことか?」

「うん、そう。そのとおり」

これじゃ、一歩に言わせてるようなもんじゃんか、と自分で言わせておきながら僕は苦笑した。

連休が終わると、一歩は早速スーパーカブで通学をはじめた。

一歩に譲ったら僕はスーパーカブから卒業するつもりでいたが、今回のツーリングで考えが変わった。やっぱりスーパーカブはいい。まだまだスーパーカブとつきあっていきたい。

僕は再びヤフオクのサイトを開いた。そして友人から借りたプレスカブと同じモデルを探して、安価で落札した。

いつの日か、再び息子とカブで旅がしたい。一歩がダメなら、5歳年下の南歩が高校に入学して、カブが必要になったときに、今回のようなツーリングに出かけるつもりだ。

親子旅ルートマップ

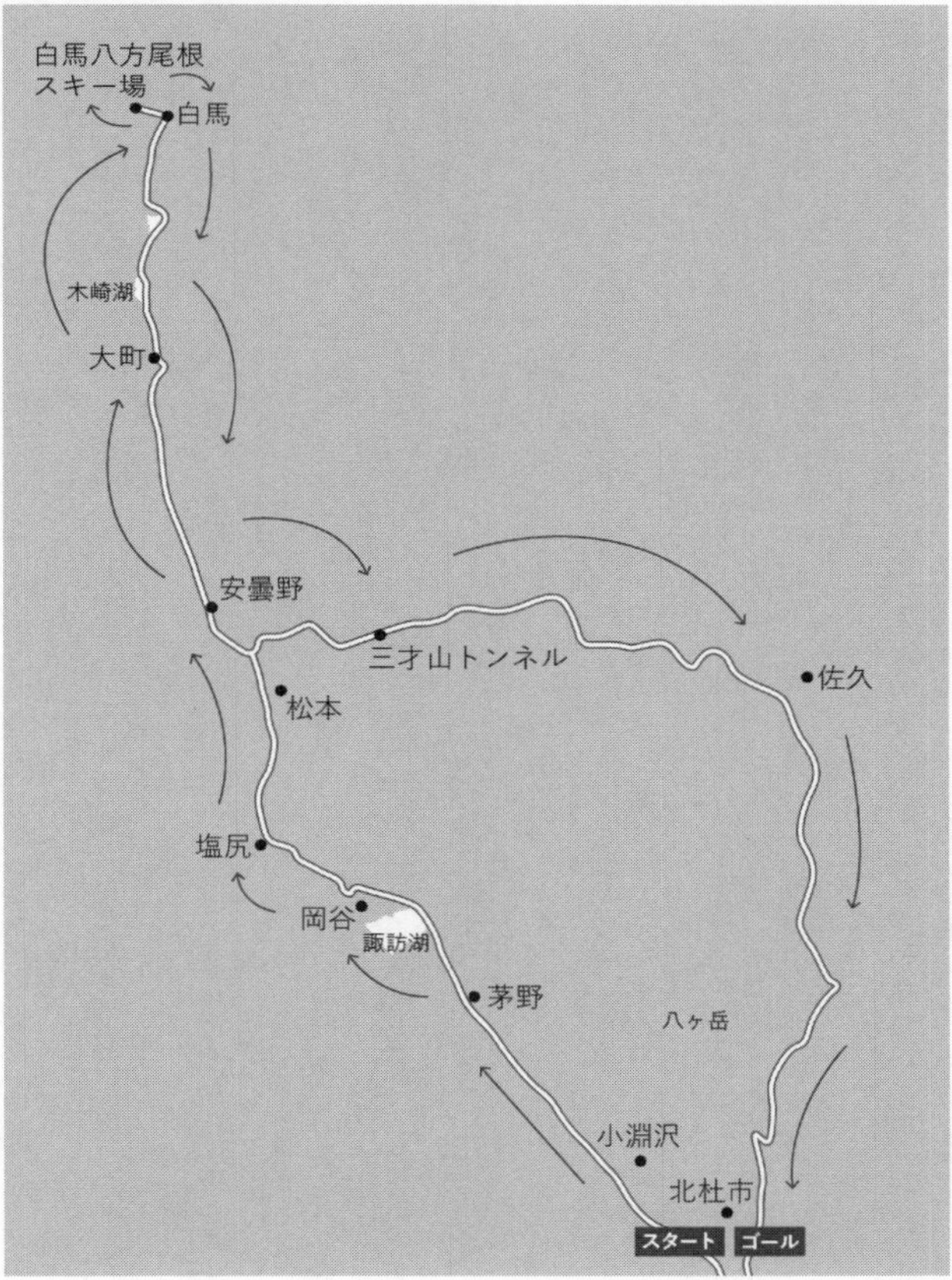
白馬八方尾根
スキー場
白馬
木崎湖
大町
安曇野
三才山トンネル
佐久
松本
塩尻
岡谷
諏訪湖
茅野
八ヶ岳
小淵沢
北杜市
スタート
ゴール

第5章

被災地をつなぐ長い一本道を歩く

2016年　僕：55歳　一歩：23歳（フリーランス）

これといった会話はなかった。

一歩が運転するステーションワゴンの助手席に座って、僕は流れ行く東北自動車道の風景をぼんやりと眺めている。１００㎞を目処に運転を代わろうと決めていたからぼちぼち交代の時間だが、一歩は疲れた様子もなくハンドルを握っている。荷室のケージに収まったラブラドール・レトリーバーのセンポは熟睡しているのだろう。センポの動く音は何も聞こえない。カーオーディオで一歩が好きなミスチルの楽曲を流し続けていたが、それも終わった。

「運転、代わるか？」

「いや。まだいい」

「無理するなよ」

「うん」

以上で父と子の会話が終了。車内は再び沈黙に包まれた。

旅に出る前に質問した妻の言葉が頭に浮かぶ。

「おとうさんと一歩って、ふたりだけのときはどんな会話をしてるの？」

首をかしげるしかなかった。明確な答えが浮かばないし、実際にほとんど会話を交わしていないのだから。

「そうだ。野球やってんじゃないか」

今日は日曜日だ。ここは東北だから、楽天の試合を中継しているはずだ。カーオーディオをラジオに切り替えると、ソフトバンク戦の中継が流れた。解説者は楽天寄りだし、僕らも判官びいきだから楽天をつい応援してしまう。しかしソフトバンクの吉村が劇的なサヨナラホームランを放って試合が終わった。ゲームセットの瞬間は「やっぱ、強えーな、ソフトバンク」と盛り上がったが、そのあとが続かない。

僕と仲が悪いわけではない。これが一歩のキャラクターなのだ。幼少からお世話になっている野田知佑さんの影響も大きいと思うが、男は必要以上におしゃべりをしなくていい、と一歩は心得ている。でも他人の前では相手を気遣って積極的に会話を試みているはずだと、父親としては信じたい。

会話は弾まないけど、かえってその空気感が心地よく感じられる東北自動車道のドライブは続き、夜8時過ぎに盛岡インターへ到着。予約しておいた郊外のビジネスホテルに泊まった。

明日から３日間、僕と一歩は三陸海岸のみちのく潮風トレイルをセンポとともに歩く。センポがいるとはいえ、一歩とふたりだけで歩く３日間は、特別な時間になるんじゃないか。いや、特別な時間にしたいのだ。


みちのく潮風トレイルは、東日本大震災の被災地を１本の道でつなぐロングトレイルだ。北は青森県八戸市の蕪嶋《かぶしま》神社から南は福島県相馬市の松川浦まで、全長は１０００㎞にも及ぶ。

みちのく潮風トレイルのアドバイザーとして整備段階から関わっている僕は、この壮大なロングトレイルを蕪嶋神社から歩きはじめて約１５０㎞先の鵜《う》の巣《す》断崖まで到達している。一気に歩き通すのではなく、細切れで歩くセクションハイクのスタイルだ。

その続きを歩こうと旅のプランを練っていたとき、大学を卒業した一歩が家にいた。

「みちのく潮風トレイルをセンポと歩くけど、一緒に来るか?」と声をかけると一歩は「うん」と即答した。

一歩は現在どこにも属さないフリーランスの身である。懇意にしている教授の推薦もあって有名大学の大学院への進学を決めていたが、自らの意志でとりやめた。進学に意味を見出せなくなったし、進むべき別の道を見つけたようだ。そこに向かってどう歩んでいくか、話を聞きたいし、人生の先輩としてアドバイスしたい。その環境として物言わぬ犬と歩いて、テント泊するバックパッキングの旅は最適ではないか。そんな思いもあって一歩を誘ったのだが、迷わずに即答したことが意外でもあった。

一歩はもはや大人の旅人だ。大学時代はひとりでインドやインドネシアを長期間旅した。ネパールに行って、ひとりでヒマラヤを2週間ほどトレッキングした経験もある。僕が誘ったみちのく潮風トレイルも、蕪嶋神社から気仙沼までひとりで旅している(すべて歩いたわけではなく、ときに交通機関を利用したり、ヒッチハイクもして自由気ままに旅をした)。僕と同じくひとり旅が好きなはずなのに、しかも歩いたことがある道なのに誘いに乗るなんて、僕に何かを期待しているかもしれない。父親としてはそれがちょっぴりうれしい。

盛岡郊外のビジネスホテルに泊まった翌朝は100km先の小本駅をめざしてクルマを走らせた。そして午前9時すぎに小本駅に着くと、一歩が声をあげた。

「あれ？　ここで野宿したはずだけど、こんなにきれいな駅じゃなかった……」

みちのく潮風トレイルを旅したとき、この駅にも泊まったそうだが、目の前にある駅舎は野宿がはばかれる立派なビルだ。入り口には『小本防災センタービル』と書かれ、駅の名称も小本駅ではなく、岩泉小本駅になっている。

僕らは建物に入って、案内所にいた女性に声をかけた。

「これからみちのく潮風トレイルを歩くんですが、外の駐車場にしばらくクルマを置かせてもらえますか？」

事情を説明すると女性は「ええ、いいですよ」と笑顔で応じてくれた。

この建物は完成してまだ4ヶ月。一歩が野宿したのは旧駅舎だと判明した。

それぞれのバックパックを背負い、センポにもドッグバッグを装着して出発の準備完了。地図を一歩に渡してナビゲーターを担当させ、南に向かって舗装路を歩き出した。

一歩にとって今回のトレッキングはダイエットの旅でもある。一歩はこの半年で10kgも太ってしまったのだ。

原因はストレスだ。将来への不安、友人関係のこじれ、恋愛のつまづきなど、さまざまな心的要因が重なって精神的に落ち込み、部屋でひとりスナック菓子を食べて気を紛らわせているうちに太ったらしい。

1月に大学の卒論を仕上げるために徹夜が続いて体重が落ちたそうだが、そのあと打ち上げの飲み会が続いたために再び体重が増加。今回のトレッキングでは間食はせず、食事の量も減らして減量したいと、出発前に一歩は語っていた。

今回僕らが歩くのは宮古市の浄土ヶ浜までの約50㎞で、わずか3日程度のトレッキ

新築の小本防災センタービルから旅がスタート。

ングで痩せるはずはないが、間食の癖をなくすにはいい機会だ。この旅が終わったら、一歩は熊本地震の被災地へボランティア活動に出かける予定でいるから、この旅はその予行演習にもなるだろう。

しばらく舗装路を歩いて集落を抜けたところで、山道にさしかかった。入り口にはみちのく潮風トレイルの標識が設置されている。その新しさが開通したばかりのトレイルであることを物語る。この先は集落から離れるし、出会う人もいないだろうから、センポに装着していたリードを外した。

センポは軽快に先頭を歩く。でもひとりで先に行ってしまうことはない。常に後ろを振り向いて僕らを見つめ、距離が開きそうになると立ち止まって僕らがやってくるのを待つ。センポが家族に加わって2年が経つけど、バックパッカー犬としての成長が見られる。

やがてトレイルはアップダウンの繰り返しになった。海沿いのトレイルは平坦に思われがちだけど、リアス海岸の三陸は浜が少なく、海辺は急峻な地形が連続する。登山道なみにハードなトレイルなのだ。また周囲の自然もワイルドで、トレイル上にはクマの糞が大量にあるし、設置されたばかりのみちのく潮風トレイルの標識はクマがかじったと思われる痕跡があちこちにある。一説によれば、クマはシンナー系が好きで、塗料の匂いがする標識をかじってしまうらしい。

登山道に入ってしばらくは僕のすぐ後ろを歩いていた一歩だが、次第に距離が開くようになった。

一歩は高校の強行遠足（夜通し歩き続ける強行遠足が伝統行事になっている）を毎年好成績で踏破していたし、大学在学中も仲間と一昼夜かけて山陰海岸を100キロ歩く旅もしていたから健脚のはずだけど、歩きが遅い。10kg体重が増えたということは、荷物を10kg余分に持っているようなものだ。足腰に負担がかかるのも当然だろう。

でも僕は一歩に歩調を合わせることなく、自分のペースで歩き続けた。

妻や次男の南歩が相手ならおしゃべりしながら一緒に歩くが、一歩は好き勝手に歩きたいタイプの人間である。父親がつかず離れずそばを歩くなんてうざい、と思うに違いない。今回の旅は単独行のふたり組、というスタイルでいこう。

しかし、センポはそうはいかない。先頭を歩いていたと思ったら、僕の元に戻ってきて、そのあとは後ろへ駆けていき、一歩に寄り沿う。しばらくすると再び前に来て、僕と一歩

みちのくには遅い春が訪れて、あちこちでサクラが咲いていた。寄り添って歩くセンポが愛おしい。

の間を息を切らして何度も往復する。

僕と一歩、それぞれ均等に接しようと奮闘している姿が健気だし、かわいいな、と素直に思う。

一歩もそう感じているのだろう。センポが駆けて行くと、一歩はセンポの頭を愛おしげに何度も撫でる。

センポを連れてきてよかった。センポがメッセンジャーとなって、距離が開いた僕らをつなごうとしているようにも思える。


初日のゴールは宿泊施設のグリーンピア三陸みやこ周辺に決めていた。

そこには仮設住宅や仮設商店の『たろちゃんはうす』もあるし、グリーンピア三陸みやこでは入浴も食事もできる。経験から判断して、そういう場所にはテント泊ができる土地があったりするのだ。

夕方近くに『たろちゃんはうす』へ到着すると、集会場らしき建物から出てきた年配の男性ふたりが僕らのもとへ近寄ってきた。

「○×△□※＊○△」

情けない話だけど、何を言っているのか聞き取れない。でも口ぶりと表情からしてセンポを「いい犬だ。かわいいコだ」と誉めているようだし、犬と歩いている僕らを歓迎しているようだ。

ふたりの男性に撫でられたセンポは尻尾をビンビンに振り、その姿を見て男性たちはますます目を細める。

ふたりが去ったあと、一歩に聞いた。

センポはどこでもアイドルだった。

「何言っているか、わかったか?」

「わかんない。『かわいいネコだ、ネコだ』って言ってるかと思った」

さすが親子だ。僕も「ネコだ、ネコだ」と聞こえたのである。

周辺を歩いて、テント泊に適した場所を見つけた僕は一歩に命じた。

「なあ、一歩。クルマをとってきてもらえるか。ちょっと歩けば国道45号に出るから、そこでヒッチハイクできるはずだ。一歩はここでヒッチハイクをしたことがあるんだろ」

ひとりでみちのく潮風トレイルを旅したときにヒッチハイクも経験したと聞いている。岩泉小本駅に駐車したクルマが手元にあれば、食料の買い出しもできるし、何かと便利なはずだ。

「いや。ヒッチハイクはしてないよ。歩いていたら勝手にクルマが停まって『乗ってけ』って言われたから乗せてもらったんだ」

さすがは東北である。その場面を想像して微笑ましく思った。

「いいか。バックパックは背負っていけ。空身だと旅人に見られないだろ。でも重い荷物を持つ必要はないから、荷物はほとんど置いていけ。一歩がクルマをとりに行ってる間におとうさんが一歩のテントも張っておくから」

ヒッチハイク歴30年になるベテランの立場からアドバイスして一歩を送り出した。そしてテントを張るのに最適な場所を探して、一歩と僕のテントをそれぞれ張った。

人が優しい東北とはいえ、クルマはすぐに停まってくれないだろう。昨年の夏、四国で僕はヒッチハイクにトライしたが、1時間以上待って百台以上のクルマが通過したのに1台も停まってくれなかった経験をしている。自分の思い通りにはいかないってことを、一歩も身を持って知るがいい。これも社会勉強だ。

テントを張り終えた僕はセンポに夕食を与え、お湯を沸かしてコーヒーを淹れた。そしてコーヒーを口に入れた瞬間、吹き出しそうになった。

いきなりわがステーションワゴンが現われたのだ。

「ウソだろ!」

一歩を送り出して30分程度しか経っていない。ここから岩本小泉駅までは15km近くある。なんでこんなに早くクルマをとってこれるんだ?

クルマから降りた一歩が、少しドヤ顔で言った。

「すぐにつかまった。3分も経ってない。7台目のクルマが乗せてくれた」

おいおい。3分だなんて、カップ麺も食えやしないじゃないか。

乗せてくれたのは、年配の男性が運転するプリウスだったという。田野畑村で現場監督の仕事をしており、岩泉小本駅まで送ってくれたそうだ。

若さにはかなわない。そう思い知らされたし、だからこそ若いときは旅に出なきゃダメだと実感した。

旅はいくつになってもできるけど、誰からも無条件にかわいがられる時期は限定される。その時期に旅を経験しないなんて、人生の損失だ。若さの特権を最大限に利用して、若者は旅に出るべきなのだ。

「じゃあ、明日も一歩がヒッチハイク担当な。いいか？」

「うん、いいよ」

得意げに答える一歩に対して、僕は嫉妬感を覚えてしまった。

仮設商店へ買い出しに出かけたが、ほとんどの店が退出してしまい、コンビニ風の商店など、仮設の建物には数軒の店しか残っていない。

それがあるべき復興の姿なんだろうが、空き室が目立つ仮設住宅も含めて、ここを出ていけない人々、残された者たちの悲哀を感じずにはいられない。ラジオではつい数日前に起きた熊本地震の報道を繰り返しており、やるせなさが倍増する。ここも被災地なんだと、この場にいる僕らは訴えたくなる。

食料の買い出しを終えたあとはグリーンピア三陸みやこへ入浴に出かけたが、受付の女性スタッフが朗らかで優しくてそれだけで幸せな気持ちになれた。入浴だけのつもりだったけど、女性の応対が心地良かったし、1日歩いたあとの風呂上がりだったものだから、併設されたレストランに寄って生ビールを飲み、ついでに刺身定食も頼んでしまった。

ダイエット目的の一歩は、生ビールを頼まず、食事は質素なそばセットだ。本人がそれでいというが、とくに我慢しているようにも見えない。この状況を保っていければ、そのうちもとの体型に戻るだろう。

入浴と食事を終えた僕らはテントサイトに戻った。

静かな夜である。周囲に灯りはないし、空には星が瞬いている。父と子でじっくり会話を交わすには、いいシチュエーションである。

ところがテントサイトに戻った一歩はさっさとテントに入ってしまった。

「え？　もう寝るのか？」

「うん。おやすみなさい」

「……わかった。おやすみ」

以上で父と子の会話は終了。

僕はセンポの頭を撫でつつ、仮設商店で買った缶ビールを飲んだ。

できれば、一歩と話がしたかった。でも僕からそれを口にするのはなんだか違う気がした。そのうち一歩から話を持ちかけてくるはずだ。それまで待つことが父親の役目のようにも思う。

僕はセンポを抱きしめて夜空を眺め、一歩の大学生活を想った。

東日本大震災が起きた2011年。高校を卒業した一歩は私大の海洋学部に入学した。実績ある海洋学部だが、校風が馴染めないと夏休みに帰省したときに不満を漏らした。第一志望だった有名国立大学に入れなかったくやしさもくすぶっていたんだと思う。「だったら受験し直せば。国公立の大学だったら入り直してもいいぞ」と僕は一歩に助言した。まだ19歳なんだから、回り道したってかまわない。父親の僕は18歳から自活していたこともあり、高校卒業から大学卒業まで8年間もかかっている。それに国公立の大学だったら再入学したとしても4年間のトータルで考えたら安く済む。授業料を払っている身としてはむしろ助かるし、失敗したら失敗したで、納得していまの私大に腰を落ち着ける覚悟ができるだろう。

僕は軽い気持ちで再受験を認めたが、一歩は本気だった。大学の講義を受けつつ受験勉強をコツコツと続けて公立になったばかりの環境系の大学に合格した。しかしその大学は全国的に無名で、しかもマイナーな県としてイジられる鳥取県にあった。

周囲の人間は「鳥取なんて何もないぞ。いまの大学に残ったほうがいい」とこぞって反

POST CARD

料金受取人払郵便

小石川局承認

9109

差出有効期間
2021年
11月30日まで
(切手不要)

112-8790
127

東京都文京区千石4-39-17

株式会社　産業編集センター
出版部　行

★この度はご購読をありがとうございました。
お預かりした個人情報は、今後の本作りの参考にさせていただきます。
お客様の個人情報は法律で定められている場合を除き、ご本人の同意を得ず第三者に提供することはありません。また、個人情報管理の業務委託はいたしません。詳細につきましては、「個人情報問合せ窓口」(TEL：03-5395-5311〈平日 10:00 ～ 17:00〉)にお問い合わせいただくか「個人情報の取り扱いについて」(http://www.shc.co.jp/company/privacy/)をご確認ください。

※上記ご確認いただき、ご承諾いただける方は下記にご記入の上、ご送付ください。

株式会社 産業編集センター　個人情報保護管理者

氏名《ふりがな》

(男・女／　　　歳)

ご住所　〒

TEL：

E-mail：

新刊情報を DM・メールなどでご案内してもよろしいですか？	□可　□不可
ご感想を広告などに使用してもよろしいですか？	□実名で可　□匿名で可　□不可

ご購入ありがとうございました。ぜひご意見をお聞かせください。

■ お買い上げいただいた本のタイトル

ご購入日：　　　年　　月　　日　　書店名：

■ 本書をどうやってお知りになりましたか？

□ 書店で実物を見て
□ 新聞・雑誌・ウェブサイト（媒体名　　　　　　）
□ テレビ・ラジオ（番組名　　　　　　）
□ その他（　　　　　　）

■ お買い求めの動機を教えてください（複数回答可）

□ タイトル　□ 著者　□ 帯　□ 装丁　□ テーマ　□ 内容　□ 広告・書評
□ その他（　　　　　　）

■ 本書へのご意見・ご感想をお聞かせください

■ よくご覧になる新聞、雑誌、ウェブサイト、テレビ、
よくお聞きになるラジオなどを教えてください

■ ご興味をお持ちのテーマや人物などを教えてください

ご記入ありがとうございました。

対した。妻も僕も同じ意見だった。ところが一歩は「鳥取へ行く」と宣言した。「行ったことがない遠い場所だから行ってみたい。知っている人が誰もいない土地で生活してみたい」と主張する一歩の言葉を聞いて、僕も納得した。自らの意志で未知の世界の扉を開く。それは旅と同じだ。周囲がどう言おうが自分で選んだ道を歩むべきである。

そして4年の歳月が流れ、一歩は自らの意思で進んだ大学を卒業した。立派なことだ。面と向かって褒めてあげたいけど、やっぱり照れくさい。父親としては、この思いが息子に伝わっていると信じたい。

ビールを飲み終えたところでセンポとともにテントに入り、眠りについた。

いつものように午前6時前に目が覚めた。でもすぐに起き出さずに寝袋でまどろんでから、尻尾を振るセンポとともにテントから出た。隣のテントに泊まった一歩もすでに起きていて、テントから顔を出した。

「おはよう。眠れたか?」

「うん」

素っ気ないあいさつを交わしてトイレに出かけ、喜び駆け回るセンポと遊んだあと、センポに朝食を与えた。

時刻は6時半。ラジオ体操の時間だ。NHKラジオをつけて毎朝の習慣であるラジオ体操をはじめたら、一歩も並んで体操をはじめた。

小学生くらいの子供とその父親のラジオ体操なら微笑ましいけど、23歳の息子と55歳のオヤジのラジオ体操ってどうなんだ?でも一歩が堂々と体操をするものだから、僕も負けてたまるかと息が切れるくらいダ

それぞれのテントで寝て、それぞれの朝を迎える。

イナミックに体を動かした。

ラジオ体操のあとは仮設商店で買っておいたパンを食べ、出発の準備に入る。

クルマはこの場に駐車しておき、昨日と同じく夕方になったら一歩にヒッチハイクでとりに来させようと思う。となれば、テントや寝袋などの野営道具を背負う必要はない。

「夜まで使わない荷物はクルマに積んでおけ」

そう告げたが、一歩は拒否した。

「いや。荷物は全部背負う」

「背負う意味がないだろ」

「でも、全部背負って歩きたい」

無駄なことを……。

僕は軽装で歩くつもりでいたが、息子がフル装備で歩いているのに父親が楽をするなんて、バックパッカーの沽券《こけん》にかかわる。僕もつきあってフル装備で歩くことにしたが、妙なプライドにこだわる一歩の性格は父親ゆずりなのだろうか、とバックパックに全装備をパッキングする一歩を見て思った。

僕は重い荷物を背負って歩くことが嫌いではない。とくにロングトレイルの場合は、重い荷物を背負って長距離を歩いている自分に誇りが感じられて、充実感が倍増する。体力が落ちて歩きがつらくなったときは荷物の軽量化を図るかもしれないけど、まだまだ愚直なバックパッキングのスタイルで歩き続けていきたい。

みちのく潮風トレイルは、回り道や迂回ルートが連続する。海沿いの崩壊した道路や震災復興の工事現場を避けてルートが設定されているし、もともと地形が複雑に入り組んだリアス海岸のため、直線的に移動できないのである。

これまで僕らは設定されたコースを正直に辿ってきたが、途中で少しショートカットしてみることにした。

そこは海岸沿いの直線的な道を避けて山側に迂回するように設定されているのだが、僕と一歩は海沿いを進んだ。津波によって崩壊した道路を歩いてみたい好奇心が湧き起こったからだ。

崖が崩れ、アスファルトが裂けて巨大な岩が道路にのしかかったその区間をコースに設定するわけにはいかないだろうが、ロングトレイルには自己判断と自己責任で歩ける区間

正式なコースを離れて震災の爪痕が
残る海岸を歩く。意味ある寄り道だ。

があってもいい。震災遺構のように、この地で起きたことを未来の人々に継承していくためにも、津波で崩壊した道路を歩くことは意味深いと思う。

危険な箇所はとくになかった。津波のパワーを目の当たりにして僕らは崩壊したルートを越え、津波の痕跡が残る田老《たろう》地区を通過した。

2日目のキャンプ地は、宮古姉ケ崎キャンプ場に決めていた。

被災した中の浜キャンプ場を高台に移転させて新たに整備したキャンプ場だ。バイオマスボイラーやソーラー発電機能、貯水槽などがあって防災機能も備わっている。すぐ隣には休暇村陸中宮古があって、入浴もできる。

しかしキャンプ場までは遠かった。朝から約23㎞歩いた松月《まっつぎ》という集落で旅を切り上げることにした。松月は国道45号に接近している。

「今日もヒッチハイクを頼むぞ」

「うん」

一歩は自信に満ちた顔でうなずいた。僕は集落の空き地にバックパックを下ろし、「ここで待ってるから」と国道45号へ向かう一歩を見送ったが、そのあとセンポを連れてこっそり様子を伺いに出かけた。

昨日はわずか3分、7台目に通ったクルマに乗せてもらったと一歩は言った。はたして一歩がどんなスタイルでヒッチハイクをしているのか、見てみたい。気分は授業参観だ。

ヒッチハイク成功のカギは場所選びにある。ドライバーが早めにヒッチハイカーを認識できて、停車スペースを確保できる場所でなくてはならない。その観点からいえば、このあたりの国道45号は曲がりくねっていて路肩も狭く、ヒッチハイクには不向きだが、一歩は宮古寄りのバス停まで歩いて、そこで親指を立てた左手を掲げていた。

息子のヒッチハイクを盗撮してしまった。

よし、よし。及第点を与えよう。

バス停ならドライバーの目につきやすい。停車スペースはそれほどないが、クルマが停まった場合、後続のクルマがパスしやすい環境にある。

背中を向けてヒッチハイクをしている一歩は僕らの存在に気づいていない。クルマがつかまるまで眺めていようかと思ったが、ヒッチハイクに成功したらそのクルマはこちらに向かってくるわけだから、一歩にバレてしまう。そうなったらばつが悪いし、そもそも息子に働かせて親がそれをニヤニヤ眺めているという構図がよろしくない。

僕とセンポは約束した集落の空き地に戻った。そして40分ほどのんびり過ごしていると、一歩がわがステーションワゴンに乗って現われた。

「15台目に通ったステップワゴンに乗せてもらった。宮古で介護士の仕事をしているおばさんで、仕事を終えて田野畑村にところだった」

今日は10分ほどかかったというが、僕ならもっとかかっただろう。下手すると一台も停まらない可能性もある。思えば一歩が6歳のとき、ふたりでヒッチハイクをしたが、すぐにクルマが停まった。一歩はヒッチハイクの才能があるかもしれない。

僕らはクルマに乗って、宮古姉ケ崎キャンプ場へ向かった。

キャンプ場はシーズンオフだった。クルマは入れないが、トイレや水場の設備は使える。クルマを休暇村陸中宮古の駐車場に停めて入浴したあと、草地にテントを張った。

クルマには焚き火台も積んである。場内には枯れ枝や倒木があちこちにあるので、それを拾い集めてコンパクトな焚き火をはじめた。

昨夜はすぐに自分のテントに入った一歩だが、今夜は焚き火のそばでセンポを撫でて寛いでいる。空は満天の星。パチパチと薪がはぜる音だけが響く。これぞ父と子のキャンプ、という図柄かもしれない。

センポを撫でていた一歩が焚き火を見つめて口を開いた。

「じつはいまちょっと悩んでる……」

キターッ！　と思った。

一歩はいま人生の岐路に立っている。大学を卒業したものの、就職はしていない。在学中に取得した理科の教員免許を活かして、青年海外協力隊に参加したいという。6月に書類選考、7月に面接があって選抜されるが、それまでは無職の身であり、いまはただ待つことしかできない。不安定な時期でもあり、精神的に落ち着かないのだろう。こんなときこそ、父親として相談にのってあげようと旅に出る前から思っていた。ようやく、そのときが来たのだ。

一歩は焚き火を見つめたまま、照れくさそうに言った。

「……ウンコが出ない」

それかよ！　吉本新喜劇のようにズッコけてやろうか、と真剣に思った。

いつも快便なのに、旅がはじまってから便秘が続いているという。

「大丈夫だ。おとうさんも出てないけど、全然気にしてない。そのうち出る」

汗をかいて水分が減るからだろうか、登山やロングトレイルの旅に出ると僕は便秘気味になる。最初は落ち着かなかったが、家に帰ると解消されるからあまり気にならなくなった。むしろ山のトイレ問題を考えると、山を歩いているときは便秘になったほうが環境的に好都合じゃないかとさえ思っている。

そういえば、一歩がまだ小学校に上がる前に熊野古道を旅したとき、一歩はウンチをしなくてお腹が痛くなったことがあったな、と懐かしく思った。

「ところで、協力隊だけどさ……」

一歩が切り出さないから僕のほうから話を振った。

「面接では自分の思いをぶつけろ。なぜ協力隊に参加したいのかって質問されるだろうから、こう答えたらどうだ。日本では自分の能力を最大限に発揮して生活する機会があまりないだろ。でも世界の辺境ならそれができる。そしてそれがその国の人々への貢献にもなる。人のために働く幸福と生きる充実感が味わえるなんて、最高の人生だとおとうさんは思うよ」

「そうだね……」

一歩はうなずいたけど、一歩のことだから、僕のアドバイスどおりの返答はしないだろう。自分なりに考えて面接に臨むと思う。

次男の南歩が1月にセンター試験を受けたが、前日に一歩は南歩に応援のメールを送ってきた。そのメールの最後を「センター試験は大学に合格するための試験ではなく、自分の努力を数値という形にするもの。僕はそう考える。結果はどうあれ、真摯に受けとめる素直さがあればいい。明日と明後日の試験はあとで泣こうが笑おうが貴重なものに変わりはない。大学のことは考えずにベストを尽くしてほしい」という文面で締めた。

青年海外協力隊の面接はセンター試験とはニュアンスが異なるけど、自分がどう生きてきたかを人に見てもらえる機会だと思えばいい。落ちるかもしれないけど、そのときは縁がなかったと思えばいい。自分の価値を理解してもらえないなんて、青春を賭けて参加するに値しない団体だったんだと開き直ればいい。そうアドバイスした。

そして一歩にわが23歳を語った。

父が事業に失敗して倒産したものだから、僕は18歳から自活の道を歩んだ。2年間働いて夜間の大学に入り、生活費と授業料をアルバイトで稼いで大学に通っていたが、23歳のときは大学を1年間休学してオーストラリアをオートバイで旅した。旅に明け暮れた学生生活の集大成の意味合いもあったし、日本を離れて海外で生活してみたかった。

他人の目には、意志が強い若者に映っていたようだが、人より遅れをとった劣等感と将来への不安にいつも苛まれていた。自分が何をすべきかわからず、悶々とした日々を過ごす23歳だった。

だから23歳になる一歩も悩んで当然だ。僕は一歩の進路に関して、ああしろ、こうしろとは口にしない。23歳の自分が言われてつらかったことは口にしたくない。

周囲の人間にはあれこれ言われたけど、母親は迷える23歳の僕に対して何も言わず、優しく見守っていてくれた。

そんな母親に感謝しているし、いまこそ見習おうと思う。


翌日はキャンプ場から歩き出すことはせず、クルマで松月まで戻り、そこにクルマを置いて歩きはじめた。

頑固な一歩のことだからキャンプ場から歩こうと提案したら反対しただろうし、僕も最初からその気でいた。

今回のみちのく潮風トレイルのゴールは景勝地として知られる浄土ヶ浜だ。

そこまではトレイルが整備されているし、地図もできている。それに浄土ヶ浜は僕と一歩の思い出の地でもある。

一歩が小学5年生の夏休みだった。僕と一歩は日本海の男鹿半島から太平洋の浄土ヶ浜まで、自転車で5日間かけて東北を横断した。一歩にとって自力で走り切った最初の旅だった。

僕はそのときの写真を持ってきている。同じ場所で同じ写真を撮ることが、今回の旅の目的でもあった。

松月から浄土ヶ浜までの距離は約14㎞。トレイルはもともと陸中海岸自然遊歩道として整備されているから、早い時間に到着できると思っていたが、後半のコースはきつかった。切り立った断崖と入り組んだ地形に整備されたトレイルだからアップダウンの連続なのである。その高低差の合計は1400mにも及ぶ。北アルプスの登山と変わらないレベルだ。

上ったら下る、下ったら上るの繰り返しで、思うように距離を稼げないもどかしさを感じたが、一歩はマイペースで淡々と歩いている。

むしろ楽しい、と一歩は言う。海沿いを歩いているのに、豊かな森の風景が広がり、登山のような山道が続く。海の景色を眺めながら山登りも楽しめる、おもしろいロングトレイルだと一歩は説明する。

そう言われたら、連続するアップダウンもここの魅力に思えてくる。息子にロングトレイルを楽しむ極意を諭されたようで少し癪にさわるけど、一歩に励まされたおかげで焦らずに歩き続けることができた。

そして午後3時に浄土ヶ浜に到着。13年前に写真を撮った場所を探して、セルフタイマーで13年ぶりのゴールの写真をセンポとともに撮影した。

その後、浄土ヶ浜のビジターセンターを訪ね、みちのく潮風トレイルの整備に企画当初から関わっている環境省の櫻庭さんと再会。彼のクルマで松月に停めたわがクル

13年ぶりに親子で同じ場所にゴールする。

マをとりに行って、みちのく潮風トレイルの旅は終わった。

この旅は半年で10kgも太った一歩にとってダイエットの旅でもあった。

しかしこの程度の旅で痩せるはずもない。家に帰ったら溜まっていたウンコも出たようだが、体重は1kgも減っていなかった。そしてその体重のまま、一歩は熊本地震の被災地へボランティア活動へ出かけた。


一歩は青年海外協力隊に採用されなかった。

実務経験のない若者が海外で理科の教員を務めることには無理があったかもしれない。

傷心の一歩に僕はスペインのカミーノ・デ・サンティアゴの旅をすすめた。世界中からやってくる旅人が聖地サンティアゴ・デ・コンポステーラをめざす世界一有名な巡礼路である。僕は3年前に３００㎞ほど歩いて、すっかり魅せられた。

日本を離れて異国の道を歩けば、ちっぽけな日本の出来事なんて忘れられる。長き一本道を最後まで歩き続ければ前に進む自信と勇気が芽生える。自分が何をすべきか、歩けば答えは見つかる。

一歩は僕のアドバイスを受け入れ、熊本震災のボランティアで知り合った大阪の工務店の社長のもとで肉体労働のアルバイトをして旅の資金を貯めた。

そして2017年の春、ひとりでスペインへと旅立った。

親子旅ルートマップ

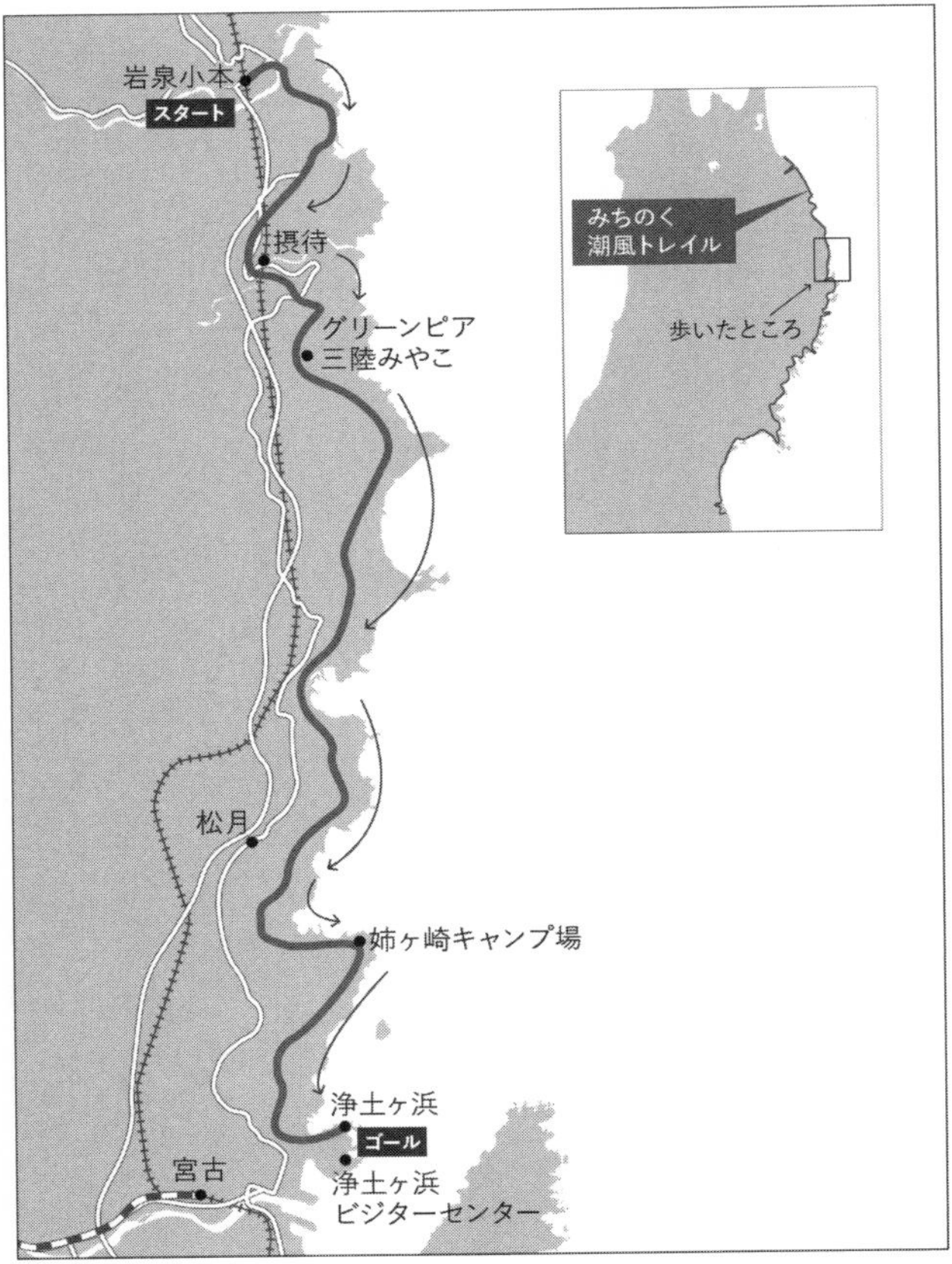
岩泉小本
スタート
摂待
グリーンピア
三陸みやこ
松月
姉ヶ崎キャンプ場
浄土ヶ浜
ゴール
浄土ヶ浜
ビジターセンター
宮古
みちのく
潮風トレイル
歩いたところ

特別寄稿

24歳、遠くの春、巡礼への旅立ち

（斉藤一歩・記）

〈3月30日　道行〉

フランスとスペインの国境の町、サン・ジャン・ピエ・ド・ポーに着いた。

早朝パリを出発し、鉄道とバスを乗り継いで6時間。中世ヨーロッパの街並みを残す宿場町は教会と尖塔が目を引く。通りからは今にも騎士団が駆け出してきそうな雰囲気が漂う。多くの巡礼者はここから780㎞先のサンティアゴ・デ・コンポステーラをめざす。

3月末というのに思いのほか肌寒く、雪景色のピレネー山麓に驚いた。同じ身なりの旅人がぞろぞろと巡礼事務所へ行き、ここで巡礼者の証、クレデンシャルを手にする。巡礼者用の安宿、アルベルゲに泊まるには、このクレデンシャルを見せなければならない。巡礼手帳であり、行く先々の宿、バル、教会でスタンプを押してもらうお遍路の納経帳のようなものである。

その後、必要な装備を買い足すため、街を散歩した。お菓子やフルーツなど非常食と巡礼地図を購入した。店のご主人がこれもいるよと勧めてきたものがある。巡礼者の「三種の神器」、ホタテ貝と瓢簞と杖だ。サンティアゴ・デ・コンポステーラがあるガリシア地方の特産がホタテで、長い歴史の中で巡礼者のシンボルとして定着した。巡礼路の途中の集落のト

旅の序盤、スペインののどかな道を行く。

レッキング用品店には必ずといっていいほど赤い十字をあしらったホタテ貝のレプリカが売られている。

近くの公園に座って買ったばかりの地図を開いた。ぼんやりと眺めていても長い旅路は僕にとって例えようがないほど遠く、不安に苛まれそうだった。

カミーノ・サンティアゴ・デ・コンポステーラとは、キリスト教の聖地であるスペイン、ガリシア州のサンティアゴ・デ・コンポステーラをめざす巡礼路を指す。キリスト教十二使徒、聖ヤコブの遺骸が眠る世界遺産サンティアゴ大聖堂に続く道は、世界中から巡礼者、バックパッカーが訪れる聖なる道とし

ロンセスバジェスのミサ、司祭の言葉に耳を傾ける。

て知られている。

カミーノの一歩目を踏み出す。道標は明快で、カミーノを意味するホタテの紋章が描かれた道、黄色の矢印が僕ら巡礼者をサンティアゴ・デ・コンポステーラへ誘っていた。

初日、ピレネー山脈の峠越えを果たし、フランスからスペインに入国した。最初の宿泊地ロンセスバジェスに着く時間帯はあいにくの雨。宿は修道院によるユースホステルでエアコン完備、快適そのものだ。料金は日本円で¥1000ほど。アルベルゲは寄付制もあるが、相場は大体これくらいだ。

夜、教会のミサに参加した。巡礼者のために、司祭が祈りを捧げて、世界中の言語で祝福を述べてくれた。「神のご加護を」司祭が日本語で言う。神聖な儀式を前にまた気持ちが高鳴った。

〈4月7日　旅人〉

巡礼者の一日――。あたりが明るくなる午前7時ごろ目覚め、30分の身支度の後、宿を出発する。1時間もすれば陽は昇り、カフェで休憩がてら朝食をとる。パンかビスケットを口にし、5〜6時間歩き通して、宿を探す。大きな街にはたいてい、公営と私営、両タイプのアルベルゲがある。公営宿は教会の隅に泊まったり個室がなかったりと贅沢できないが、料金は安い。一方、私営宿は値が張るかわり、ネット環境があり併設のレストランで食事を楽しめるリッチな宿だ。僕はもっぱら貧乏若者らしく、前者の公営宿を求めた。自分のベッドを確保し、シャワーを浴び、シエスタを満喫する。そのあと、靴をサンダルに履き替え、街を散歩。まだ陽が出ている20時にディナーを楽しみ、22時にはベッドへ。寝る前に地図で明日の行程を確認し、まだ見ぬ景色を想像しながら、クレデンシャルを枕の下に置いて就寝。

巡礼者が自然と集まってくつろぐ午後のひととき。

これが僕のルーティンである。

「ブエン、カミーノ！（良き巡礼を）」

毎日、この言葉から巡礼者同士の交流が始まる。道中の抜きつ抜かれつの関係は、日を追うごとに一緒に観光したり自炊したりと、いつの間にか家族のごとく親しみを持つようになっていく。

「ここは天国さ！」と、巡礼者の友が言った。カフェやバル、安宿が約５km間隔で立ち並び、食事、寝床に困らない。歩くことに没頭できる環境は、旅人にとっての幸福といえる。何千年と続くカトリックの歴史のなかにいながら、僕ら日本人のように、宗教に関係なくただの旅好きが集える場というのもおもしろい。

左からハピエルとジャージ、一緒に歩こうと声をかけてくれた二人。

歩く理由は人それぞれだった。歩き始めて1週間、内気な僕に友達ができた。

大学で建築学を教えている教授ハビエルさん、彼はオーストラリア在住のスペイン人だ。ヨーロッパ旅の道中気まぐれに歩きはじめたブラジル人アンドレさんと2人で後にスペイン語を教えてくれた。スペイン北部、ナバーラやバスク地方では英語が通じないところも多く、とても頼りにしていた。いつも陽気でよく喋るブルガリア人でヨガの先生ジャージさん、熱心なカトリック信者の韓国人テヒさんは揃って日本文化をおもしろがって会話が弾んだ。

リオハワインで有名な街、ログローニョで

旅姿五人衆。左端がジャージさんで、中央の女性がテヒさん。

いつもの5人でディナーをした。

「どうしてカミーノに来たの？」

席を囲んだ僕たちに向けて、宿のオーナーが尋ねた。

僕は言葉に詰まる。父に薦められて興味が湧いて、落ち込んでいた自分が情けなく、それが悔しく苦しくどの言葉を持っても自分を表現できそうにない。他人に誇れるものを持っていなかったから、自分を知るために自分探しをしていたのかもしれない。

高級赤ワインが手伝って陽気で愉快な雰囲気のまま、食事の時間はお開きとなった。酔ったおじさんのいびきに悩まされ寝返りを打ちながらも、旅の悩みや不安がどんどん小さくなっていった。毎日増えていくスタンプは、巡礼に対する僕の感謝と期待の蓄積だ。

翌朝、身支度を整えた僕にオーナーが声をかけてくれた。

「人生はお金で決まらない、とにかく楽しみなさい」

巡礼を踏破すること11回、カミーノが大好きでスペインに移り住んだ方のお言葉である。元巡礼者が営む宿やバルは少なくない。その誰もが優しく、笑顔が素敵だった。こういう生き方があってもいいと、僕は彼らに教えられた気がする。

前述の4人と僕は寝食を共にし、5日間を過ごした。1日の目的地を事前に決めることは予定調和すぎて僕にとって不服だったが、彼らを頼っていたため、みんなで徐々に旅の生活へ馴染んでいった。

とりわけ僕は歩くペースが遅く、女性のテヒさんと一緒にいることが多かった。宿に着いた後、「イッポ、サンポ（散歩）」と彼女が声をかけ、街を歩きながら僕は「テヒ、ペコパ（韓国語でお腹空いたの意味）」とお互い教え合った母国語で会話する。これはお決まりの台詞だった。

キリスト教カトリック信者が多い韓国の巡礼者は多い。統計ではヨーロッパ圏、フランスやスペインを除くと、巡礼者の数が一番多いそうだ。おまけに韓国の映画やドラマの舞台になったことから若者にも絶大な人気を誇るらしい。

やがて5人は各々のペースで旅を続けた。別れて以降、何度か顔を合わせ、「コモエスタ（元気）？」と挨拶し、また新たな友を作っては別れ、それでも毎日歩き続けるのだった。

大都市ブルゴスを抜け西に約20キロ、オルミージョス・デル・カミーノでのこと。ここで2週間ぶりに仲間と再会した。韓国人のジンさんとスーさんだ。同世代の20代若者で、特にジンさんはピアニストだけあって、初日の宿でも弾き語りを披露するなど、一芸に長けた旅人だ。彼らは僕の名前について、「イッポは韓国語で綺麗という意味のナンパ言葉だよ」と教えてくれた（正式にはイェッポヨ）。テヒさんが僕の名前を言いふらしているから、界隈では名前が一人歩き

上：左からジンさん、オーナー、僕、スーさん。
下：オーナーが惚れた女性の画像を見せてくる。

しているらしい。

彼らに連れられて、韓国人経営のスペイン料理屋に行った。ここのオーナーも20年前にカミーノを旅し、途中で街娘に惚れてからずっとこの地でレストランを経営している。

結局その人とは別れてしまったそうだが、この武勇伝を持つ韓国人のオーナーはいつもニコニコで楽しい人だった。またしてもカミーノで人生が変わった人の一端を垣間見た。その後の宴で巡礼の中で一番酔っ払ってしまった夜を過ごした。翌朝寝坊した。周りの巡礼者はとうに出発したあとだった。

〈4月24日　起伏〉

集落によって巡礼者のためのミサは毎日行なわれている。グラニョンの教会の神父さんはサンティアゴに至る道を大きく3つに分けて説明した。肉体、精神、己。ピレネーの山越えから巡礼者の生活に慣れるまでが肉体のステージ。続けて果てしなく広がるメセタの大地が精神のステージ。そして最後、山越えと緑生い茂るガリシアを進む道で己と向き合い、神に会う準備をするのだ。

4月中旬。道は山を越えて草原を抜け、都会の街並みをすぎ去り、広大な大地にたどり着いた。

神父さんが語る精神のステージ。強烈な日差しと暑さ、湿気と、徐々に歩くペースが落ちる。見慣れた友に抜かれる形で孤独を感じた。愚痴交じりに、僕は心身ともに不調だった。クレデンシャルのスタンプはもうすぐ折り返し地点を迎えようとしていた。

ときに巡礼路はマイナールートを選択することもできる。大抵は観光用に地元の人が自ら開拓したルートだそうだ。より詳細な地図を持つ友人にその存在を教えられ、僕はビジャフランカ・デル・ビエルソからセブレイロ峠に至るドランゴン・テ・ルートを歩いてみた。

道は舗装路から徐々に荒れていき、森の中へと様相が変わった。ホタテの印はなく、途中の村も人は居らず犬だけが僕に向かって吠える。谷底の川を渡ったところで、完全に道が消えていることに気づいた。慌てて見通しの良い場所へ登り、現在地を確認する。引き返すことに躊躇してしまい、僕は遥か先に見える炭鉱まで山の中腹をトラバースすることにした。

どうにか目的地には到着したが、遭難しかけたので褒められた行為ではない。大幅な遠回りで、心身ともに一番疲れた日。巡礼の慣れをもう一度引き締める反省の多い1日になってしまった。ここはスペインで最も道を通すのに苦労した場所。それだけ険しい山だったのだ。

残りの道程が200キロを切った4月下旬。イラゴ峠の頂上、今は亡き廃村マンハリンに1軒だけ宿がある。宿といっても水が出ないため、トイレもシャワーもない。叩けば埃が出そうなマットの上に横になるだけのもっとも簡素な宿、レフヒオ・デ・マンハリン。

標高約1400mのため朝晩はかなり冷え込む。快適とはいえないが、食事やワインをご馳走してくれたり、麓の村から来た子どもたちと遊んだり、アットホームな場で心安らいだ。すべてこの宿のご主人であるホセさんのおもてなしだ。そのため宿代は寄付制となっている。

ホセさんは日本通で武道に詳しく、黒澤映画について、夜中2時まで語ってくれた。野外の星空の下、その空間を包み込むなんともいえない高揚感は今でも忘れがたい。物の豊かさは関係なく、人の善意こそ最も胸に響くと、身をもって実感した夜だった。寝る前にいつものようにクレデンシャルと地図を確認する。もう残り少ないページに少しばかり寂しさがあった。

サンティアゴがあるガリシア地方は雨が多い地域だ。レインウェアを出す回数も増えたが、

イラゴ峠頂上で宴が始まる。少し寒かった。

オーナー、ホセさん。

そのぶん緑が生い茂る涼しい気候に救われた。自然と日本人を目にする機会が多くなった。世界一周の途中だという若者や、同じ中学の先輩に会ったのも驚きの一幕だ。でも多くは長期休みを使い、一部でもいいからカミーノを歩きたいという観光客。気づけば日本ではGWを迎えていたのだ。1週間から10日で歩く巡礼者と、1ヶ月を要する旅人の間に意識の差は当然ある。時間という制約がない僕らは、どこかで道が終わることを恐れ、名残惜しさから自然と歩みが遅くなっていた。

ある宿でスペイン人と話をしたときのことだ。彼もまた精神的に病んでおり、自分探しの旅に出掛けた中年男性だった。働き過ぎが一因のようだ。僕は定職に就いていなかったが、世界の実情をみると日本が働き過ぎという国民性は直ぐに理解できた。ヨーロッパのように長期休みをとってカミーノを歩けるだけの心の余裕が欲しいと無職ながらに思う。

そんな暗い話をしていた時、彼は「ひきこもり」という単語がスペイン語でも通じると教えてくれた。「もったいない」のように訳す言葉が見つからず日本語がそのまま世界共通語になってしまった例。僕は驚くとともに負のイメージの日本語に落胆するのだった。

〈5月8日　終幕〉

巡礼36日目の5月5日は、サンティアゴ大聖堂に着いた記念日になった。その日は5㎞しか歩かなかったが、朝からバケツをひっくり返したような雨に辟易する思いで、感動的なゴールを期待しただけに少し拍子抜けだ。それでも僕には歓喜の瞬間ということに変わりなく、その後の晴天を待って直ぐに記念写真を撮った。

巡礼事務所に出向き、今までのクレデンシャルを見せ、巡礼証明書を手にした。色々な思いが詰まった記念の宝だ。涙を流し喜ぶ巡礼者もいる。その姿は道程の過酷さを物語っているようだった。

巡礼ゴールの感想は？　どうだった？　僕のメールの受信トレイにおおよそそんな文面が並んでいたが、巡礼旅をまだ終わらせなかった。翌日から再び歩き始め、大西洋の岬フィニステーラ、ムシアを目指すことにしたのだ。サンティアゴ巡礼のエピローグである。

フィニステーラはその昔、生と死の境の場所、この世の果てといわれた地。長き旅を終えた巡礼者は海で身を清め、岬からの夕陽を眺めて古い自分に別れを告げたという。サンティアゴから西へ85キロ、4日間の行程で海まで足を延ばした。サンティアゴまでの道と比べると巡礼者は減り、道標は少ないが歩きやすい。海辺の海鮮料理は美味しい。フィニステーラで食べた海鮮スープとプルポ（茹でタコを使ったガリシ地方の伝統料理）のアヒージョは絶品だった。

フィニステーラ岬で焚き火を起こし、衣類を燃やすのも古くからの習わしだ。今は禁止されていると聞いていたが、岩陰でイタリア人カップルがひっそりと服を燃やすのを見て、僕も便乗し、旅のお供だった手拭いを燃やすことにした。

やがてホタテ貝の道標は0kmを刻み、終わりを迎えた。クレデンシャルにも0kmのスタンプが刻まれた。この先は大海原で、道はもうない。

フィニステーラ岬にて、0kmの道標。

美しかった。景色だけではない、これまでの道を回想し見る夕陽は、思い出とともにまぶしく輝いていた。

〈5月10日　望郷〉

サンティアゴへの帰り道、僕は迷子になった。

ムシアから南に進む道中で2時間ほど彷徨い、近くのバルへ足を踏み入れた。往路から見る道標は復路の目線からは確認できなかったからだ。バル内の客人から奇異な目線を感じつつ、下手なスペイン語で助けを求めた。するとひとりのおじさんが僕にピンチョス（一品おつまみ）の生ハムを奢ってくれた。スペインの生ハムは文句なしにおいしいが、このときの味は格別。

思えば、今まで訪れた町は毎日巡礼者を迎え入れては見送る、どこか外国人慣れした土地のように思えた。バルの看板には巡礼者用のメニューが並び、商業的なにおいさえする。巡礼41日目、僕はようやく巡礼者補正のない本来のスペインの姿、自然な街並み、空気を感じた。これは迷子のおかげだろうか。

　食事を終えたあと、恰幅のいいおじさんが車で近くの巡礼路へ送り届けてくれた。ヒッチハイクしたのではなく、された。車はフォルクスワーゲンのユーロバン。奇しくも僕の両親が乗っていたユーロバンと同じだった。小学生のころ、ユーロバンで日本全国を車中泊で旅に連れていってくれた。乗り心地、雰囲気、その懐かしさが身に染みて、突如望郷の念に駆られるのだった。

　きっと僕のサンティアゴ巡礼も時間とともに記憶は薄れ、ふとした瞬

上：フォルクスワーゲンのユーロバン。
下：巡礼の道に戻してくれた恩人。別れ際に。

間に旅を思い出すときが来るだろう。そう思うと少しでもいいからこの土地の情景を感じとり、持ち去りたい。

カミーノの色、音、におい、そして温もり。

日本に帰りたいようで帰りたくない、そんな複雑な思いこそ、旅の終わりを告げているようだった。

〈5月13日　祝歌〉

サンティアゴの大聖堂を再び訪れた僕は、聖ヤコブに旅の無事を報告した。最後のミサで行なわれていたのはボタフメイロ。その昔、長き旅を終えた巡礼者の異臭を消すため、香を炊いて清めたとされる神聖な儀式である。

滑車によって天井から下げられた大香炉が振り子のように巡礼者の頭上を行き交い、みんなの視線は香炉にくぎ付けに。その正確な意味を解さずとも、神父の歌声は心に響いていた。

ボタフメイロを終えた僕は大聖堂を抜け、オブラドイロ広場で佇んでいた。すると途中の村のスポーツバーで一緒にサッカー観戦した日本人の巡礼者が声をかけてきた。夜は日本人で集まって食事をするという。僕も同席し、思い思いの旅の話に花を咲かせた。みんな笑顔で楽しそうだった。

誰かが巡礼証明書を持って、卒業証書に似ているねと話を振ってきた。確かにコンポステーラの筒状の入れ物は学生時代、蓋を開け閉めしてポンポン音を鳴らして遊んだ賞状入れと酷似している。思えばカミーノは僕にとって道の学校のような存在だった。

歩き終えたいま、それぞれのクレデンシャルを見比べると、歩みが速い人、遅い人、バー通いののんべえ、ミサに参加するキリスト教徒、その人の個性が如実にスタンプに表れていた。一つとして同じものはなく、学生の頃の通信簿のようだ。僕は卒業証書に変わる巡礼証明書、コンポステーラを手にし、ボタフメイロという卒業式に臨んだ。

巡礼は学校だと僕は総括している。肝心なことは、カミーノで何を学んだか、それはこれからの道で分かるだろう。

5月12日、僕はカミーノを卒業した。

メセタの大地。道が果てしなく長く感じる。

スペイン巡礼の旅ルートマップ

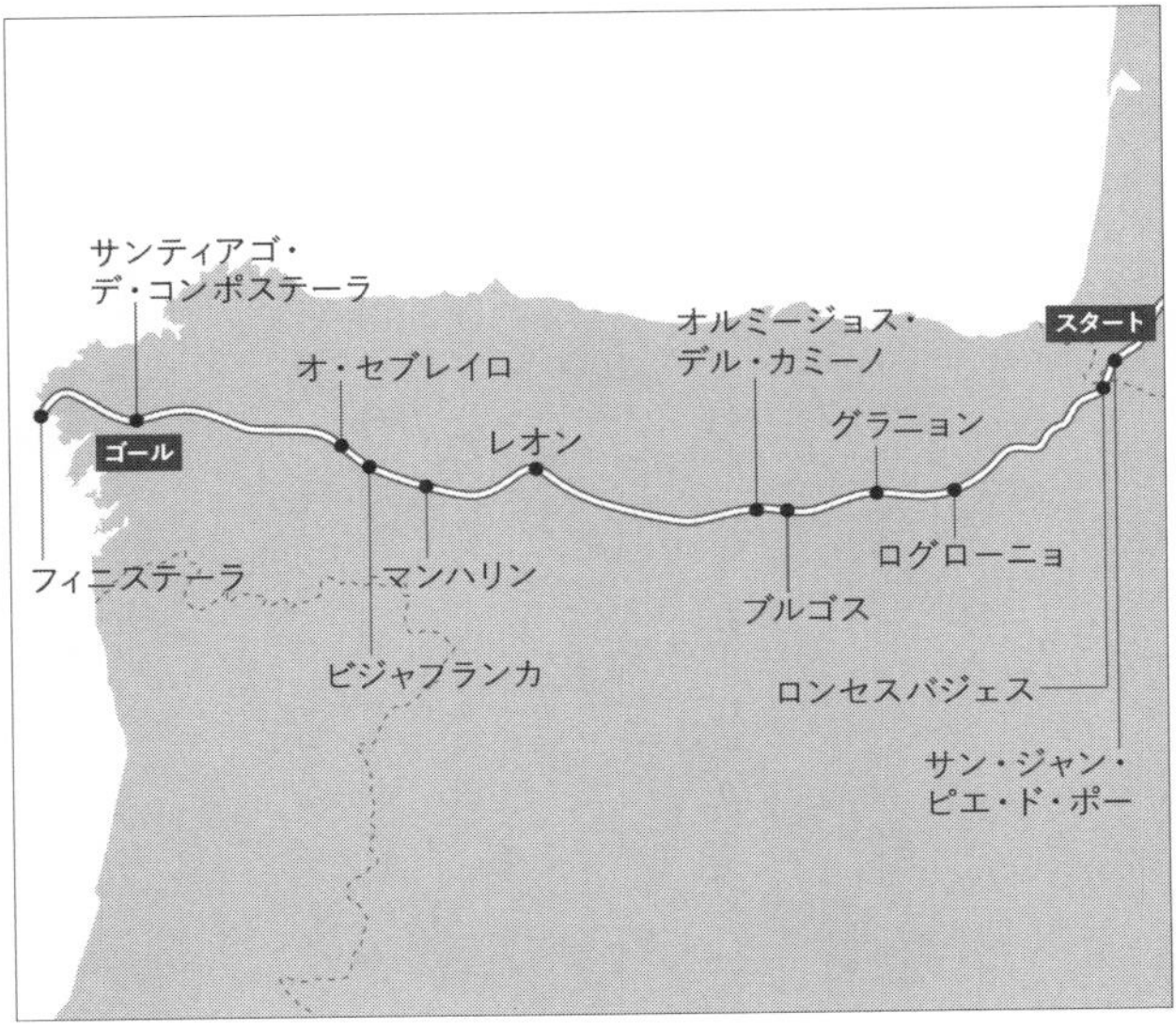

第6章

30年目のネパール MTBツーリング

2019年　僕：58歳　一歩：27歳（会社員）

大学を卒業してフリーランスのライターになった年の秋、僕はＭＴＢでアジアを放浪する旅に出た。27歳の秋だった。

パキスタン側から中国との国境クンジュラブ峠まで走り、インド、ネパールと気のむくままにＭＴＢを走らせた。旅の資金が尽きたら日本に帰るつもりでいたが、旅に出て約2ヶ月後、ネパール第二の街ポカラで旅人と話をしているうちに明確なゴールが定まった。

世界最高峰の登山基地、標高５３００ｍのエベレスト・ベースキャンプだ。その先はヒマラヤ登山の領域であり、エベレスト・ベースキャンプは旅人が到達できる限界地点になる。道の終わりでもあり、ＭＴＢの長い旅を締めくくる

1987年の秋、標高4880mのクンジュラブ峠に到達。

のにふさわしい地点だと思った。

　ところが、ネパールの首都カトマンズで僕は肝炎にかかって動けなくなり、ゴールに決めたエベレスト・ベースキャンプへの道は閉ざされた。でもあきらめたわけではない。肝炎を完治させて、ヒマラヤのベストシーズンである翌年の秋に再挑戦しようと決めた。

　僕はカトマンズで1ヶ月ほど療養してから帰国したのだが、そのとき僕を看病してくれた旅人が、八ヶ岳山麓で家づくりをするときの棟梁となって僕らを強力にサポートしてくれることになる。

　そして翌年の秋、僕は再びネパールを訪れ、1年越しとなったエベレスト・ベースキャンプ

1988年秋、エベレスト・ベースキャンプにMTBで立つ。

に到達した。ＭＴＢに乗る機会が少なく、ＭＴＢを押すか、担ぐか、背負うかのきつい旅だったが、道の終わりまで自力でたどり着くことができて、大いなる達成感を味わって旅をしめくくった。

帰国後にビーパル編集部に顔を出したら、編集者に連載企画を提案された。

ビーパル創刊１００号記念として東京から大阪までの東海自然歩道を歩く企画を立てたという。体力があって時間もある自分にぴったりの仕事だった。収入が安定しないフリーランスのライターにとって、毎月の原稿料が保証される連載はありがたい。憧れの署名原稿だし、うまくいけば連載をまとめて単行本にすると言われ、二つ返事で引き受けた。

ペンネームは、ネパール帰りだし、読者を歩く旅にいざなうからと、ヒマラヤ山岳ガイドの代名詞を冠した『シェルパ斉藤』を編集者につけられ、僕はシェルパ斉藤の名前でビーパルにデビューした。時代が昭和から平成に変わった１９８９年の秋のことである。

あれから30年。時代が平成から令和に変わった２０１９年の秋。

デビュー30周年企画として、シェルパ斉藤の原点であるネパールをＭＴＢで走る旅をビーパル編集部に提案した。

チベットとインドを結ぶ渓谷沿いの交易路だったジョムソン街道に道路が開通して、バスが運行しているのだ。

道路の終点はチベット仏教とヒンズー教の聖地、ムクティナート。アンナプルナ山域を一周した2002年に立ち寄って、好印象を抱いている。いつの日かまた来たい、とそのとき強く思った。

ジョムソン街道は未舗装の悪路のようだが、MTBなら問題ない。シェルパ斉藤になるきっかけとなったネパールを約30年ぶりにMTBで旅するなんて、デビュー30周年の旅としても、平成から令和へ変わった節目の旅としてもかっこいいと思う。

その企画は編集部に受け入れられ、東海自然歩道を歩き出して30年目となる2019年10月下旬にネパールへ旅立つことになった。

そのあと旅の計画は思わぬ方向に進む。

夏休みに帰省した一歩にネパールの話をしたら「いいなあ」と関心を示したので、僕は何とはなしに「一歩も行くか？　交通費ぐらいは出してやるぞ」と口にした。

「うん。行きたい！」

「お父さんと一緒でいいのか？」

「連れてってもらえるなら行きたい」

一歩の反応に驚いた。27歳にもなる大人が父親とふたりで海外の辺境を旅することに抵抗はないのか？

でも一歩は本気だった。「10日間くらいなら休みがとれるはず」と言う。

一歩は日本を代表するアウトドアメーカーであるモンベルで働いている。スペインの巡礼を終えた一歩は、気仙沼のNPO団体のスタッフを経てから、モンベルの就職試験を受けて採用された。何かとつきあいのあるモンベルに息子が就職することに多少の抵抗を感じたが、本人が好んで働きたいというのだから僕が止める理由はない。

モンベルは当然のことながら、社員のアウトドア活動には理解がある。有給休暇を消化してないので申請してみる、と一歩は言った。

そして上司に書類を提出して相談したところ、1ヶ月に5日ずつという条件で、10月27日から11月5日までの10日間の休暇をとることができた。

社会人になった息子とふたり旅なんて、面映くもあるけど、正直うれしい。

出発の日が待ち遠しく感じられたし、初めてネパールをＭＴＢで走ったときの自分と一歩が同じ年齢であることにも、運命的な巡り合わせを感じた。

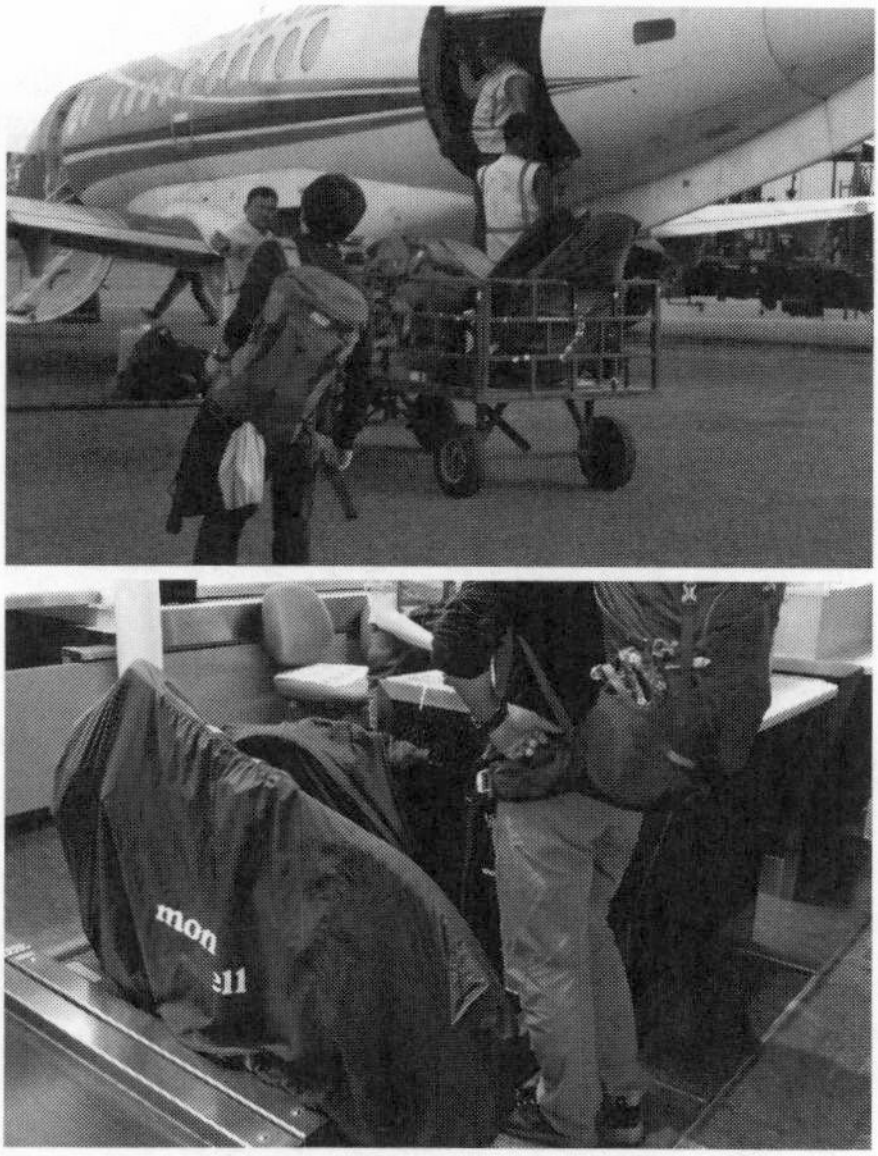

僕と一歩の2台のMTBはパッキングして飛行機に載せた。
タイヤのバルブが一つ破損していた。

10月27日に日本を発ち、バンコク経由で翌28日の昼に首都カトマンズの空港に到着。

北アルプスの太郎平小屋で知り合ったネパール人のビシャールさんが空港まで出迎えてくれて、彼が手配したポカラ行きの飛行機にすんなりと乗り継げてホッとしたが、そのあとに予想外の展開が待っていた。

ムクティナートへ行くにはトレッキングとアンナプルナ入域の2つの許可証（TIMSとACAPと略される）が必要だ。到着した日に取得できるようにスケジュールを組み、ポカラ空港からタクシーでオフィスに直行したのだが、オフィスの扉は閉まっていた。

どうしてなんだ？

近くの男性に聞いたら、昨日からティハールという祭りが始まり、役所はすべて休業。オフィスが開くのは明後日の午前10時以降になるという。

「まいったなあ……」

10日間の旅とはいえ、成田から直行便がないネパールまで来るのに2日、帰路も2日かかるため6日間がネパールの滞在期間となる。逆算するとムクティナートからポカラまでの帰路がバスで1日、ポカラからの移動とカトマンズ宿泊で1日を費やすため、4日間でムクティナートに到着するプランを僕らは立てていた。ジョムソン街道を自転車で走った旅人のブログによれば、ジョムソン街道の始点ベニからムクティナートの手前のジョムソンまで3日とあったから、ネパールへ到着した日に許可証をとり、翌日はバスでベニに行って（4時間ほどかかる）昼過ぎから走り出せば期間内にぴったり収まる、と僕らは計算していた。

しかし、明後日の10時以降まで許可証がとれないとなれば、1日プラス半日のロスが生じる。これはイタい。

街はお祭りだというのに、重い空気が僕らにのしかかった。

とりあえず宿を探し、チェックインしたゲストハウスで対策を練った。

許可証が必要ない場所を旅するのもありだが、聖地のムクティナートには行きたいと、エベレスト街道を歩いたことがあるけど、アンナプルナ方面には行ったことがない一歩は主張する。

だったら先にムクティナートまでバスで行ってしまうのも手だ。ムクティナートは標高3760mで、ベニは標高830m。ムクティナートからだと下り道で楽に移動できる。そうやってジョムソン街道でMTBのダウンヒルを楽しんでいる旅行者も多いそうで、出発前にビシャールさんからその方法をすすめられている。

「それはいやだ。バスでムクティナートに行ったら自分の足で到達した感動がなくなる。それは旅じゃない」

一歩の意見に僕もうなずいた。

先にゴール地点へ行ってから戻るスタイルは、リフトで登ってゲレンデを下る感覚に近い。MTBのライディングを楽しむならそちらがいいだろうが、僕らは違う。目的地に向かって全力を注ぐ真っ向勝負の旅がしたくて、ネパールへ来たのだ。

たとえムクティナートまでたどり着けなかったとしても、ムクティナートをめざしてペダルを漕ぎ続けよう。どこで時間切れになるかわからないが、そこをゴールにすればいい。そう覚悟を決めたことで頭がスッキリしたし、こいつには旅人である自分の血が流れているんだと、感動した。そして空白となった明日は休養日にして、別行動をとることに決めた。


その翌日。僕らは輪行袋に収納して空輸してきたそれぞれのMTBの細部を点検しながら組み立てた。

僕のMTBは台湾が誇る世界最大の自転車メーカー、ジャイアントの廉価モデルだ。自転車雑誌で島旅の連載をしていたときにお世話になった広報の男性に相談したら、快く提供してくれた。定価は6万円だが、ディスクブレーキはよく効くし、サスペンションも良好で運転しやすい。30年前に乗ったMTBとは隔世の感がある。

一歩のMTBはモンベル製だ。モンベルは自転車も販売しており、社員としてはそれを使わない手はない。広報車両をネパールに持ってきたが、自転車専門メーカーのジャイアントのモデルと比べても見劣りはしない。

それぞれのMTBを組み立て終えると、一歩は「夕方までには戻る」と言って、先に宿を出発した。

表情が生き生きとしている。尻尾があったら振っていると思う。一歩を見送った僕は、本当はひとりで来たかったんだなと確信した。それなのに何かと面倒な父親に同行してくれた一歩が愛おしく思える。

ゲストハウスでしばらく寛いでから、僕もMTBに乗った。トレーニングを兼ねて、ヒマラヤを望む絶好の展望地であるサランコットの丘をめざした。

標高差は約800m。最近は自転車の旅をしてなかったが、山は毎月のように歩いている。脚力にはそこそこ自信があったが、考えが甘かった。

自転車と歩きでは使う筋肉が異なる。それにサランコットまでの登りは舗装路とはいえ、急勾配だった。ギアを一番軽くして進んだが、脚の筋肉に乳酸が溜まっていく疲労感に襲われた。

でもジョムソン街道はこんなもんじゃない。ここでバテてどうする、と自分を鼓舞してペダルを漕ぎ続けたら、左脚がツリそうになって力は入らなくなり、道路の脇に僕は座り込んだ。

これはやばいかも……。こんなんで、標高差３０００ｍの悪路を走り切れるだろうかと不安に駆られた。

これまで僕は息子の前では強い父親であり続けたはずだが、今回は体力が衰えた弱い父親の姿を見せることになるかもしれない。一歩に弱音を吐くかもしれない。その現実を受け入れて、リアルな姿を息子にさらけ出す覚悟が自分に求められる旅になりそうだ。

翌10月30日。

午前中に許可証を取得した僕らはタクシーを呼び、昨夜のうちに輪行袋に収納したMTBを屋根の荷台とトランクルームに入れて出発地のベニに向かった。

バスはあちこちで客を乗せていくし、速度も遅いからベニまで4時間以上かかる。タクシーはバスの約10倍の6000ルピー（約6000円）もかかって僕らの旅の流儀に反するが、いまの僕らは時間をお金で買いたい状況なのだ。

同年代らしき運転手はバスを次々と追い抜いて快走。溜飲が下がる思いだったが、途中から未舗装の道路となり、道が曲がり

ネパールのタクシーはキャリア付きがスタンダード。キャリアがあればMTBも運べる。

くねったり、工事があったりして、飛ばせない状況になった。

ネパールなんだから仕方ない。そう思って耐え忍んでいると、タクシーは峠の茶屋らしき場所に停まり、運転手が提案した。

「昼メシを食べよう」

おい、おい。僕らは急いでるんだ。高いタクシー代も払ってるんだからのんびり昼メシなんか食べてないで、運転を続けろ。

そう思ったが口に出せずにいると、「食べないのか。じゃあ、30分ほど待っていろ」と、運転手はダルバートを注文した。

ただ待っていても仕方ない。空腹を感じてなかったが、僕らもダルバートを注文した。

ダルバートはネパールの国民食である。ごはんに味噌汁、野菜のおかずがあるようなもの

こちらはレストランで食べた高級ダルバート。

で、日本の食事に似ている。おいしいし、おかわり自由でたくさん食べられて、しかも安いから30年前も毎日食べていた。一歩も学生時代にネパールへ来たとき、ずっと食べていたという。

そのダルバートを食べはじめたら、イラっとした自分が馬鹿らしく思えた。

これがネパールの旅なんだ。先に進めなくても、いま止まっている時間も、僕と一歩はネパールの旅の中にいる。父と子でここにいるこの時間も含めて旅なんだ。そう思ったら焦りが消えた。

腹ごしらえが終わって再出発。調子よく走り出したが、1時間ほど走ったらいきなり前輪から異音がした。

またも予想外の展開だ。クルマを止めて車輪をはずす。ブレーキパッドが摩耗して、ディスクに異物が接しているようだが、道中で直しようがない。キーコ、

車輪をはずしたが、解決しなかった。これがネパールの旅だ。

キーコと、異音を発してさらに速度が遅くなったタクシーでベニへ向かった。

ベニに到着したのは午後3時半過ぎ。ポカラから4時間もかかったが、夕暮れまでまだ時間がある。人々の視線を浴びつつMTBを組み立て、荷物をパッキングしてペダルを漕ぎ出した。

すぐに未舗装のダートとなった。カリガンダキという川に沿って、道はやんわりと上りになっている。

昨日の痙攣があったから不安だったが、ギアを軽くして漕ぎ出すとMTBの太いブロックタイヤは路面をしっかりグリップして前に進んだ。

走り出してすぐにダート。ヤギの群れとすれ違った。

楽しい。

フロントサスペンションが荒れた路面の衝撃を吸収して、ふらつくことなく安定して走ることができる。スピードは時速10㎞くらいだけど、足がスムーズに動いて着実に進んでいく。足に疲労が蓄積する気がしない。緩やかな山道をマイペースで歩く、いつものバックパッキングの感覚に近い。

これなら大丈夫だ。ずっと漕いでいられる。弱い父親を見せずにすむ。

僕は一歩より先行してMTBを漕ぎ続けた。そして日が暮れかかったころ、ベニから12㎞ほど進んだティプリャングという集落に着いた。

ジョムソン街道はどの集落にも食事ができるロッジが数軒ある。中庭があるロッジを選び、中庭にMTBを運んでメンテナンスを始めたが、ロッジの外にいる一歩は姿を現さない。

外に出てみると、一歩は集落の子供たちと一緒に風船のバレーボールで遊んでいた。他の子供たちは一歩のMTBを交代で乗り回している。一歩を中心に一帯が子供たちの笑顔に包まれていた。

その光景を目にして胸が熱くなった。

27歳の僕はこんなことができなかった。数ヶ月に及ぶ旅だったし、資金が尽きたら旅がおしまいになるから節約に徹していた。先に進むことばかり考えていたし、物を盗まれてはいけないし、MTBを壊されてはいけない、と現地の人々に対して常に警戒心を抱いていた。心にゆとりがなかったのだ。

いまの一歩のように積極的に現地の子供たちと接していたら、現地に溶け込めてもっと旅を楽しめたに違いない。

一歩に旅の楽しみ方を教えられた気がしたし、一歩には僕の血が流れているけど、半分は子供が好きな妻の血が流れていること

現地の子供とすぐに打ちとける一歩に感心した。

とを再確認した。

一歩と子供たちが遊ぶ光景を暗くなるまで見届けたあと、ホットシャワーで土ぼこりと汗を流し、ネパールのビール、その名もエベレストビールで一歩と乾杯した。

そしてダルバートをたっぷり食べ、心地よい眠りに落ちた。


ツーリング2日目の朝。僕も一歩もたっぷり寝たし、出るものも気分よく出た。体調は良好だ。

タブレットを起動して（山奥のロッジでもWifi完備なのだ）、ラジオ体操の音楽を再生する。一歩はつきあってくれないので、ロッジの中庭でひとり、いつものニッポンのラジオ体操をしてから出発した。

カリガンダキ川に沿って延々と上り坂が続く。でも大丈夫。僕らは昨日走ったことで、すでにこの悪路の走り方を体得している。

秘訣は「歩くより速い」と信じること。ギアを軽くして、ロングトレイルを歩く気分でやんわりペダルを漕いでいれば、MTBは着実に前進する。歩いた場合と比べて「こんなに進んでるじゃないか」と自信が持てるし、脚の筋肉にも負担がかかりにくい。根底にプリミティブな歩く旅があれば、どこでもどんな旅でもやっていけると、バックパッカーの僕は確信している。

スローなペースで2時間ほど走って温泉のある村タトパニに到着。外国人向けの洒落たロッジで、遅めの朝食をとった。

17年前にここへ来たとき、僕は犬に出会い、3日間をともに過ごした。その犬はト

17年ぶりのタトパニ。ロッジもレストランも増え、マッサージ屋もあった。

レッキングの道中で僕についてきて、タトパニ滞在中は僕にずっと寄り添った。ところがタトパニを去る日の朝、犬は姿を消した。僕に迷惑をかけないように犬は立ち去ったのだ。旅人の心情を汲みとれる犬だったんだと、いまでも僕は信じている。

あの犬が生きているはずはないけど、当時の甘い記憶には浸りたい。そう思っていたが、道路が通ったタトパニの村は様変わりしていた。あのとき泊まったロッジもどこなのかわからないほどだ。これが時代の流れなのだろう。

タトパニから先は、道が一段と険しくなった。がんばってペダルを漕ぎ続けていた僕らだったが、勾配がきついものだから、ＭＴＢを押して歩くケースが増えた。

轍は深く、穴ぼこもあちこちに空いている。崖崩れや落石が起きた箇所もあって、大きな石が転がっている。

日本の林道なら通行止めになる状況だが、普通に通れてしまうからおもしろい。オートバイやクルマがゆっくりとゆらゆら揺れながら、土ぼこりを舞い上げて走っていく。彼らもジョムソンやムクティナートへ向かうのだ。観光目的のネパール人が多く訪れるとビシャールさんから聞いている。

こんなワイルドな道は日本では体験できない。

クルマはＳＵＶタイプの４ＷＤが主流だけど、人や荷物を満載した大型バスも普通に走っている。

速度はかなり遅い。ジョムソンからベニまでは距離が70㎞程度なのに、バスは6時間以上かかる。飛ばしようがない道路だから、バスもクルマもオートバイも、ＭＴＢと大差ない移動速度になる。それが痛快に感じられるし、ムクティナートに向かう道をともに進んでいる仲間意識も芽生える。

出会う人々もフレンドリーだ。ドライバーや同乗者たちは僕らにあいさつしたり、何かと話しかけてくる。とくに印象的だったのは、途中の滝で休憩したときのことだ。

一歩のMTBにはしゃぐ無邪気なネパールの大人たち。

そこは名瀑なのだろう。クルマやオートバイで来た観光客らしきネパール人が滝の前で自撮りを楽しんでいた。

僕らも滝の前で休んだら、男性グループが一歩に「そのかっこいいMTBを貸してくれ」と声をかけてきた。

一歩が貸すと彼らは歓声をあげ、一人ずつMTBにまたがってポーズをとってスマホで撮影をはじめた。

コミカルなポーズがインド映画に出るコメディアンみたいでおもしろい。一歩もゲラゲラ笑っている。

僕は傍らでその光景を見守ったが、一歩はこうやって海外でひとりの旅をしてきたのだろう。旅人である息子の姿を垣間見れた気がして、胸がほっこりとした。

２日目は約35㎞走って、レテという村まで到達できた。

朝から１８００m以上標高が上がっている。明日の目的地のジョムソンとレテの標高差はほんの２００m。２日目の行程はかなりハードだったわけで、それを走り切った達成感があったし、日程的にムクティナートへ到達できる目処も立った。

そして３日目の朝。レテを出発して数㎞走ったら平坦で広い河原に出た。

この景色、覚えている。アンナプルナ・サーキットを歩いた17年前。道路は開通してなかったが、ジョムソンからここまでならオートバイやＭＴＢで走れると当時の僕は記録している。

「一歩。ここから先は楽勝だ。昼にはジョムソンへ到着できる」

「よかった。じゃあ、マルファでゆっくりできるね」

急な谷は走り終えた。ここからは平坦な道となる。

マルファはジョムソンの数㎞手前にある石畳の美しい村だ。日本人として初めてチベットに入国した僧侶、河口慧海《えかい》が滞在していた家屋があり、そこが記念館として残されている。その記念館を訪れたいと、一歩は切望していたのだ。

河口慧海記念館はマルファのほぼ中心にあり、僕らの姿を目にした住民たちは「カワグチ」といって、石造りの建物を指さした。この記念館を訪れる旅人は、日本人しかいないのだろう。

一歩は神妙な面持ちで館内を見学した。河口慧海の『チベット旅行記』をまだ読んでないというから、帰国したら読むに違い

川口慧海の時代に思いを馳せる一歩。

ない。

「読んでからここに来たほうが感動するんだけどな」と一歩に諭したが、じつは僕も読んでなかったりする。

記念館を出たあとは、風情があって眺めもいい古風なレストランでランチを食べてゆっくり寛ぎ、午後2時過ぎにジョムソンに到着した。

この地域一帯の中心地であるジョムソンには空港もあるし、ムクティナートへ行くバスも、ベニへ行くバスも、ポカラへ行くバスも出ている。首都のカトマンズまで行くバスもあるほどで（所要18時間を超える）、通りに商店やロッジが並んで活気に満ちている。

何軒かロッジやホテルを見て回って、スタッフの好感度が最も高かったロッジを選んだ。

ここに連泊して、明日は最小限の荷物だけをＭＴＢに積んで聖地ムクティナートまで往復する予定だ。

旅の目的を果たせそうな喜びとともに、全力で息子と旅する充実したＭＴＢツーリングが終わりつつある寂しさもちょっぴり感じた。


朝7時過ぎにジョムソンを出発。

カリガンダキ川に沿った平坦で直線的なダートを走り続け、約10㎞走ったカグベニという村で道は二つに分かれた。

直進すれば秘境だった旧ムスタン王国へ入っていき、右の道を上っていけば道路の終点でもあるムクティナートに至る。

ムクティナートの標高は富士山とほぼ同じだ。カグベニは標高２７００ｍだから

カグベニを過ぎると風景がますますチベット的になる。道路から離れて少しダートも走った。

1000mの上りがずっと続くのだが、これまでの道路と違って舗装されていた。MTBを漕ぐのが格段に楽になったが、道はかなりの勾配だ。日本で一番標高が高い道路である乗鞍スカイラインの感覚に近い。

これまでの悪路ではクルマもオートバイもバスもゆっくり走っていたが、安定した舗装路だからスピードを出して走り抜けていく。MTBの僕らだけがとり残される。昨日まで感じていた仲間意識は失せて、僕らは必死でペダルを漕ぎ続けた。

上り道はきついけど、風景は格別だ。緑がなく、荒涼としたチベット的な絶景が広がる。周囲を囲んでそびえるヒマラヤの峰々に壮大な地球を感じる。日本の北アルプスや南アルプスも雄大で美しいが、スケールが違う。あっちは3千m級だけど、こっちはその倍以上だ。人間の暮らしを拒絶した神々の領域が、そこにある。

この場所に息子といられることに幸せを実感し、何度も休憩を繰り返して昼前にムクティナートへ到着した。

残念ながらゴールの感動は薄かった。

17年前、僕はアンナプルナ・サーキットを反時計回りに歩き、標高5500mの峠のトロンパスを越えて、ムクティナートに下ってきた。難所の峠を越えてたどり着いた聖地だったから、神聖な場所に映った。そこにいるのは、歩いてきた旅人や巡礼者だったから、静かな大人の村に思えた。

でも道路が通じたいまは、クルマやバスで人々が訪れる観光地でもある。商売が見込めるのだろう。宿の建設ラッシュで工事の音が鳴り響いている。村全体が俗っぽく感じられてしまう。

僕と同じく、少々失望気味の一歩に提案した。

「一歩。あの丘の上に行こう」

小高い丘の上にタルチョがたなびく寺院がある。村の中心から離れているので人が少ないし、眺めも良さそうだ。

MTBを寺院の麓に置き、長くて急な階段を歩いて丘の上をめざした。

そこは想像どおりの風景だった。

工事の音は聞こえないし、観光客もいない。寺院やタルチョ、雄大な白き峰々がそびえる圧倒劇な眺望は17年前に感動した神聖なる風景だ。

絶景を堪能したあと、セルフタイマーで一緒に写真を撮ったが、撮り終わってからふと思い立った。

「一歩。ＭＴＢをここまで運ぼう！　ＭＴＢを持ってきて写真を撮ろう」

「エーッ！」

一歩が顔をしかめた。

「ここで燃え尽きてスイッチが切れたから、いまさらＭＴＢを運ぶのはきつい」

「頼む、一歩。ＭＴＢがあったほうが写真がバえる」

インスタグラムはしてないけど、いま風の言葉で一歩を口説いた。

「お父さんは一歩の年齢のとき、ＭＴＢを担いでエベレストベースキャンプまで行った。この年齢でもあのときみたいなバカなことをしたいんだ」

自分の思いを口にしたら、ますますその気になった。

そうなんだ。還暦近いいまの自分にとってのエベレストベースキャンプが、この丘なのだ。体力ではかなわないし、エベレストベースキャンプよりも格下だけど、あの年代の情熱を、30年が経ったいまでも持てることを、この丘までＭＴＢを担ぎ上げることで証明し

タルチョがたなびく丘で父と子のツーショット。妻にメールで送った。

たい。

渋っていた一歩だったが、黙って僕に続いてMTBを押しはじめた。こいつは汗水流して人力で移動する旅人の美学がわかる奴だ。そういう男に育てたつもりでいる。

息を切らして丘の上までMTBを運び上げ、三脚にカメラをセットしてセルフタイマーで写真を撮った。

セルフタイマーなのに笑顔を浮かべてしまう父と「おかしくもないのに笑えないよ」と小学生のときから主張する息子のツーショットである。

撮影後は丘の上に座り、荒涼とした周囲の風景をしばらく眺めた。そして、自分はあと

10年は体を張った旅を続けられる、と自信を持った。

振り返ると、一歩は直立不動で、ヒマラヤの青い空を見上げていた。

会話のない時間がしばらく流れた。

「ぼちぼち帰ろうか」と声をかけたら、一歩は神妙な面持ちで口にした。

「いいものを見させてもらいました。ありがとうございました」

何をかしこまってんだ、とおかしくなったが、僕もそれにつきあった。

「いえ。どういたしまして。父のわがままにつきあっていただき、こちらこそありがとうございました」

僕らは聖地ムクティナートを離れ、ジョムソンに向かって長い坂道を一気に下った。


祭りの影響で許可証取得に時間がかかり、ツーリングも出発が1日遅れたものの、予定変更で対処できた。

帰国前日にポカラからカトマンズへ飛ぶ予定だった計画を変更して、帰国当日にポカラからカトマンズへ飛んで、そのまま国際線に乗り継げば、失われた1日を補えるのだ。

しかしジョムソンで思いついた。

ジョムソンからポカラまで1日かけてバスで移動するつもりでいたが、この区間は飛行機が運航している。朝だけ飛ぶそのフライトを利用すれば、ポカラ到着後にカトマンズ行きの飛行機に乗り継げる。予約済みのポカラ→カトマンズ便を変更する必要もないし、カトマンズに1日滞在できる。時間に限りある大人の旅人として賢明な選択だ。

ところが、一歩はその提案を受け入れなかった。

「ポカラまでバスに乗りたい」と言う。

「飛行機なら30分だぞ。お父さんはおまえと違って若くない。あの悪路を10時間以上バスに揺られるのは、肉体的にもつらいんだって」

本音を話して説得を試みたがダメだった。「ネパールのバスの旅がしたい」と一歩は言う。

しかたがない。ムクティナートの丘で僕のわがままをきいてくれたわけだから、一歩の要望も受け入れよう。それにカトマンズ観光やお土産を買う時間を捨てて、わざわざ時間がかかる苦難のバス旅を選択する旅人が僕は嫌いじゃない。

そんなわけで僕らは、翌3日の朝7時ジョムソン発のポカラ行きバスに乗り込んだ。ほとんどのバスが屋根に大きなキャリアがある。MTBをバラして輪行袋に収納することなく、2台ともそのままバスの屋根に積むことができた。

乗ったのはポカラ行きのツーリストバスだ。ローカルバスと違ってポカラ直行便のはずだったのに、バスはあちこちに停まってそのたびに多数の乗客が乗り込んでくる。車掌の男は集落が近づくと開けっぱなしのドアから身を乗り出し「ポカラ、ポカラ！」と乗客を呼び込んでいる。どこがツーリストバスだよ！　とツッコミたい。

悪路だから走るだけでも遅いバスなのに、道中で次々に客が乗り込むものだからさらに遅くなる。おまけに途中で後輪がパンクするアクシデントに見舞われたものだから、さらに遅れた。

飛行機なら30分だったのに……と後悔の念も浮かんだが、自分たちが息を切らせて全力で走った道を逆にたどるバスの旅は楽しかった。

この坂はきつかったなあ……とか、泊まったロッジだ、などと足跡を反芻することで記憶が塗り重なって旅が濃密になっていく。次々に乗り込んでくる客も老若男女バラエティに富んでいて、リアルな海外の旅を実感できた。

一歩はほとんどしゃべらなかったが、思いは同じだろう。快適で速い飛行機ではこんな体験はできない。

僕はバスに揺られながら空想した。27歳の自分がいたら、父と旅している27歳の一歩を嘲笑していたはずだ。経済的に恵まれていなかった僕は反骨心と18歳から自立していたプライドを糧に人力の旅を続けていた。

でも27歳の自分に言いたい。君だけじゃ

道中で次々と人々が乗り込むツーリストバス。

ない。みんなそれぞれの境遇でがんばっているんだよ。旅は誰に対しても平等にあるんだ、と。

バスは予定よりも遅れて、12時間後に日の暮れたポカラに到着した。

「ありがとう、一歩。楽しかった」

「うん。僕も楽しかった」

素直な気持ちをお互い口にすることができた。

父と子の、長くて深い旅が終わった。

親子旅ルートマップ

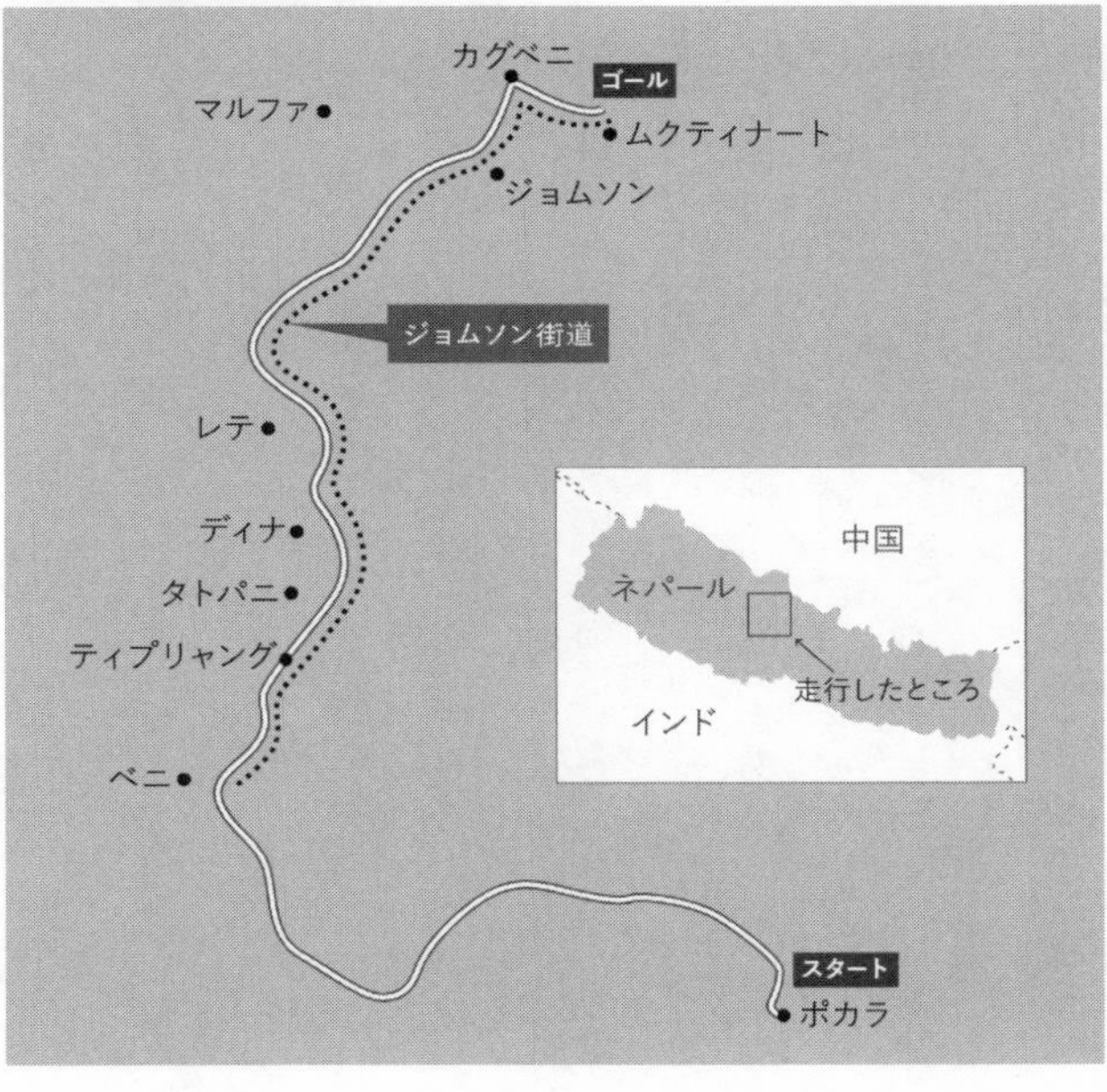

父親とネパールMTBツーリング
——一歩・記

ネパール中部の山奥、ジョムソン街道。僕にとって初めての海外自転車旅だった。旅の提案を父から聞かされ、僕は好奇心をかき立たされたものの、いまさら親子旅という気恥ずかしさもあって複雑な気持ちだった。

お互いがひとり旅を好んでいるから、抵抗はある。ただ旅しない後悔はしたくない。行き先も深く考えず、特に理由なく首を縦に振ってしまった。

旅の舞台、ネパールのジョムソン街道はチベットとの交易路で、歴史もあり、多くのトレッキング愛好家が憧れる聖地。10年前に道路が整備され車両通行ができるようになった。若い頃に同じ場所を歩いた父が今度は自転車で旅したいという。そこでMTBを使い、ジョムソン街道の終点、ムクティナートをめざすことにした。

入国後、旅に必要なトレッキング許可証の取得でトラブルが起きて当初の計画通りに進まない。でも10日間の時間制限で旅を完結させなければならない。どうしようかと話し合いを重ねた。

自転車の距離を減らす、日数を短くする、バス移動をタクシーに変更するなど。選択肢の幅を広げてくれるのはいつも父で、提案に対して決断をするのが僕。そうやって上手く危機を乗り越えた。

僕は昔からあまりNOが言えない性格で、良くいえば温厚で従順、悪くいえば臆病で自己主張がない。曲がりなりにも、海外ひとり旅は何度か経験したが、流されやすい性格で後悔することも多い。

そんな中、父はいつも以上に力を発揮し、自己主張ははっきり、駄目なら駄目なりの打開策を瞬時に見つけ出す。これが長年の経験と知恵によるものだと感心した。

ツーリング1日目。出発のベニという街に着いたのは日本を出てから4日目だ。

途中入域許可証を取るために足止めをくらったとはいえ、長すぎる道程と旅のスタート地点に立てた安堵感が相まって期待が高まった。

タクシーから自転車を降ろし、組み立て始める。バスターミナルの大通りの脇、人々の視線が集まり、僕達をジロジロ観察するように見ていた。顔の距離が間近にあったため文句を言われるかと不安だったが、数人がどこまで行く？　と聞いただけだった。「ムクティナートまで」と答えると、笑顔で「Good luck」と返答された。慣れない土地で他愛もない会話をするだけでも緊張する。結局、服装含め納得いくツーリングスタイルに変身するまで30分以上かかってしまった。

初日は夕暮れ時の出発で、足慣らし程度のツーリングを2時間走り、宿に着いた。

大体数キロごとに集落が点在し必ず宿がある。ちょっと遅い時間でも宿のオーナーは快く僕らと自転車を宿内へ招いてくれた。

外では自転車を珍しく思って近所の子供達が集まってきた。束の間ボール遊びや自転車に乗せてあげたりして彼らと遊んだ。そういえば5年前、学生時代にネパールを訪れた際もこんな雰囲気だった。場所は違っても村は静かで、人々は旅人慣れしている。居心地いい雰囲気とはまさにこのことで、久しぶりの空気感に懐かしさを感じた。

2日目、標高差1500mを登りきった。旅のハイライトであり、間違いなく一番きつい日だった。

徐々に勾配が上がり、足や腕に負担がかかる。最初は自転車から降りてたまるかと根性を張っていたが、すぐに見栄っ張りは損だと気づいた。一番軽いギアにしたところで、タイヤはスリップする。途中で颯爽と下ってくるマウンテンバイカーとすれ違う。そしてトレッキング姿の外国人旅行者を見て「あー、自転車がなかったらどんなに楽だろう」とポツリつぶやいた。

土ぼこりと暑さの影響で、後半はほとんど自転車を押してしまうのは仕方ない。

宿に着く頃には腕がぱんぱんで疲れ切ってしまった。ひたすら腕を揉みほぐしながら反省した。第一の反省はネガティブ思考に陥ったこと。午後休憩後、疲労で焦りが生じた。

「あの道の角を曲がれば登り坂は終わるだろう」「まだ着かない……」

心の中ではそんなやり取りの繰り返しだった。精神的につらく、脳に不安や焦りという余計な考え事をさせてしまった。

本日の教訓は、消極的な姿勢は止めようということ。道程も残り半分を切っているのだから、楽しまなければ損、そう想いを新たにしたのだった。


3日目、それまでの渓谷沿いの道を抜け、標高は2500mを超えた。荒涼とした大地に追い風を受け、颯爽と漕ぎ続けた。気持ち良かった。遠くには雪をまとったヒマラヤ山脈が連なり、息をのむ絶景が目の当たりに迫る。写真で見てきたチベットの風景そのものだった。

父はよくセルフタイマーを駆使して写真撮影する。雑誌に掲載するためだ。本人もそれをポリシーに掲げるように、細かい構図や動きの指示、タイミングなど、僕の想像以上に繊細だ。

「また撮るの？　さっきの写真でいいよ」と、内心そう思っていた。きっとそういう表情は人に伝わるものだが、仕事のためだと思って先を急ぐ自分をなだめた。

「僕の旅は撮影があって時間がかかる。さっきよりいい景色があれば何度でも撮影する」と父。ひとり旅は自由だから良いのに、他人のリズムに合わせる苦労は、お互い実感しているようだ。生きるための術を旅に見出した父のセンシティブな一面とプロ意識、両方を垣間見た一場面である。

途中のマルファ村は日本人に縁ある地で、石畳の道が映える綺麗な村だ。

チベット入りを果たした初めての日本人、探検家であり僧侶の河口慧海が滞在していたからだ。河口さんはチベット仏教の教えを乞うため、鎖国状態のチベットへ、中国人と偽って潜入した経歴を持ち、マルファ村に3ヶ月滞在していたという。彼が寝泊まりしていた場所は記念館として開設され、展示品を見て回れる。僕達が河口さんと全く同じルートを辿っていることに感動し、過去の偉人に想いを馳せた。

このご時世、探検家、旅人があらゆる手段で世界を旅している今、先駆者河口さんの功績を振り返る機会を大事にした。カフェでマルファの特産、リンゴを使ったパイに舌鼓を打ちながら３６０度のパノラマを堪能したのだった。

　時間に余裕を持ちジョムソンへ着いた。飛行場もある大きな街だ。大通りにホテルが並び飲食店も充実している。ポカラからのバスやジープはジョムソンが終点だ。だから観光客も増える。欧米人ツーリストも多かったが、日本人には出会わなかった。元々の顔立ちが似ていること、それと日焼けと髭の伸び具合が拍車をかけ、ネパール人と間違われることもしばしば。なんだか土地に同化しているみたいで嬉しさを感じた。


　ツーリング最終日。この日はジョムソンの宿に連泊するため大きな荷物を降ろし、身軽になってムクティナートへ日帰りツーリングに出た。

　道は途中から舗装路に変わり、昼前に目的の聖地ムクティナートへ到着した。

　標高約３７００ｍは富士山とほぼ同じ。前日喉と鼻が痛くて寝つけなかったが、体力に問題はなかった。常備薬を日本から持参したが、幸いそれらを使用する機会はなかった。僕は慣れない土地だと風邪をひきやすい体質で、高山病含め一抹の不安もあったが、元気にゴールできたことで自信を持った。

ムクティナートが聖地と言われる所以はチベット仏教、ヒンドゥー教の聖地だから。ネパールはもとよりインドからの参拝者も多いことで知られている。しかし最近はインフラの整備で、観光客が増加。ラフな格好で、スマホを手に写真を撮る観光客も多く、神聖的要素が薄れているようにも思えた。とはいえムクティナートのゴンパ（僧院）からの景色は圧巻で、タルチョ（チベットの旗）がはためき僕らの旅のゴールを祝福しているようだった。自転車で行ける道の果て、達成感もひとしおだった。

ムクティナートでゆっくり時間を過ごし、ジョムソンへ戻る。帰り道は強烈な向かい風で下りでもペダルを漕がないと前へ進まない。案の定、泥だらけの格好で帰還した。

その夜は宴だ。もともとお腹が強い方ではなく海外でよく下痢をしていたので、たとえ体力を使っても必要以上の食料摂取、水分補給は控えていたのだった。もう走らなくていいという安心感から、久しぶりに満腹感を得た。

ネパールの代表的な料理はダルバート。ワンプレート料理で中心にライス、周りに野菜のおかずが配置されていて混ぜて食べる。インド料理に近いが、においも気にならず食べやすい。そして手を使って食べなくても良い。他に水餃子のようなモモ、麺料理のトゥクパといずれもチベット料理を多くの集落で食べることができ、基本薄味でハズレがない。文化の交錯する土地の料理はどこに行っても美味しいのだと思う。

ジョムソンで自転車旅を終え、バスで下界に戻った。ネパール第二の都市ポカラまでの距離は100キロ弱。行きのポカラ、ベニ間のタクシーが約60キロで4時間かかった。それを踏まえるとバスの移動に1日を費やす覚悟が必要だ。ただ登ってきた道を下るなかで車同士すれ違えない場面や悪路を見ると時間がかかるのも納得で、何より乗務員さんのキャッチ、途中で席もないのに乗客を乗せようとする行為や終わりの見えない休憩が時間を間延びさせた。

いくつかトラブルはあっても、車窓から「あんな道もあったね」と振り返ることができるのは、がんばって登った人の特権だと思う。

道中マウンテンバイカーたちと何度か遭遇したが、バスまたはタクシーで先にジョムソンへ行き、下り道だけを楽しむダウンヒル派のライダーだった。僕は人力で登ったからこその充足感に胸を張っている。本音はビビリ症でスピード感あるものが苦手。じっと耐えて汗をかく方が、僕の性に合っているような気がしてならない。

帰国した。

やっぱりネパールは旅人にとって極上の地だ。2002年にムクティナートを訪れた父は「以前はもっと静かな土地だった」と口にした。ハードな峠越えを終えた後だっただけに思い入れも強いという。Wifiの有無を宿決め基準にするような時代でも、村の様相、景色は変わって欲しくないし、旅で得た感動はいつでも変わらない姿を持っているはずだ。

今回、10日間の旅で「時間をお金で買うか」は議論の対象だった。

たとえば、ジョムソンからポカラまでの帰り道。飛行機かバスどちらを利用するかで悩んだ。飛行機ならお金はかかるけど所要30分、バスなら運賃安くて所要10時間だ。結局自分達の漕いできた道を振り返りたい思いと、ネパールの庶民的な交通手段に乗るべきという理由でバスを選んだ。

時間はあるけどお金がない、お金はあるけど時間がない、難しい選択だが、時間がないという制約はついお金で片付けようとする傲慢さを同時に生みだす。ネパールのように歴史があり、多様な民族が文化伝統を重んじる国において、リッチな旅は不向きだと思う。ツーリストだからと威張らず、庶民に寄り添うことで、旅の魅力をもう一段上げてくれるような気がする。

会社員になって初めての大型連休。今回のネパール旅は久しぶりに以前の旅感覚を思い出させてくれた。

いまではジョムソン街道の地図が僕の宝物。

小さいころからよく地図を眺めてはその土地のことを想像し、紙面上で空想旅を続けた。学校の休み時間もそうやって過ごしてきた。変人と思われても旅への魅力は尽きなかった。

ジョムソン街道、ムクティナートは神々の領域とさえ思っている。日常生活に戻ったいま、次はどこへ行こうかと模索中だ。

今回の旅は仕事優先の父と遊び感覚の僕。目指す目的は同じでも背負っているものが違う。今の僕に対価を得るために旅することは到底考えられないが、それを30年続けてきた父はまったく違う景色を見てきたのかもしれない。
　フリーランスは明日がないかも、といまでも不安を口にする父だが、確固たる信念はこれからも不滅であって欲しいと願う。

おわりに

新型コロナウイルスが感染拡大する直前、山梨県キャンプ協会に依頼されて講演を行なった。

講演会やトークショーは年に何度か出演している。テーマは世界各地のロングトレイルの紹介だったり、犬連れやヒッチハイクの旅だったり、あるいは世界のトイレ事情や排泄文化だったり、と多岐にわたる。どんな内容の講演にするか、主催者と打ち合わせの席でふと思い立った。

「父と子の旅の話をしましょうか?」

一歩とネパールをツーリングしたあとだったから、旅の余韻がまだ残っていた。振り返れば、一歩が歩んできた人生の節目に僕は一歩とアウトドアの濃密な旅をしている。幼い子を持つ若い夫婦から「斉藤さんが子供とどんなふうに遊んできたか知りたい」とリクエストされたばかりだ。一歩と積み重ねてきたこれまでの旅を語ることが、子連れで出かけるキャンプや子育てのアドバイスになるかもしれない。

「それ、いいですね。そのテーマでお願いします」と主催者は賛同し、『シェルパ斉藤の父と子の旅物語』の題目で講演することになった。

人前で一歩との旅を話すのは初めてだ。自分にとっても新鮮だったし、思い入れが強い旅ばかりだから講演にも熱がこもった。参加者も熱心に耳を傾けてくれて、講演後の反応もすこぶるよかった。知人の男性に「今日の話を1冊の本にまとめたらどうですか」と提案され、自信も深まった。自分でもそう感じていたのである。

講演で語ったそれぞれの旅はビーパルの連載などに書いていて、すでに原稿がある。少年が大人になるまでの成長の記録であり、微妙に変化した父と子の距離感や時代の空気感も当時の原稿には反映されている。

本にする価値があるんじゃないか、と思っていたときにタイミングよく、産業編集センターの佐々木勇志さんから「わたしの旅ブックシリーズで斉藤さんの本も出したい」と連絡があった。

父と子の旅の話をすると佐々木さんは納得し、本書の出版が決まった。

あらためて読み返すと、あのときはこんな旅に出て、こんなふうに思っていたのか、こんな書き方をしたのか、と感慨深くなった。金比羅山を歩けなくて「ざるそば」の字が読めて喜んでいた一歩が、スペインの巡礼路を1000㎞も歩き、紀行文を執筆できるまでに成長したことに20年を超える歳月の長さと重みも感じた。

佐々木さんが「旅が紡ぐ父と子の成長物語ですね」と感想を述べたが、そのとおりだ。旅に出ることで、一歩も僕も成長した。旅をして僕は一歩を育ててきたけれど、僕もまた、一歩に育てられたのだ。

自分なりの育児に対する考えも原稿につづってきたが、本文中に書けなかったことをここに加えておく。

一歩にはゲーム機を与えなかったし、一歩も欲しがらなかった。小さな画面で遊ぶよりも、リアルな旅のほうが何百倍もおもしろいことを一歩は知った。現実の旅は思いどおりにならないことばかりだ。でも何もかも自分の思いどおりにことが進んだら旅はつまらない。思いどおりにならず、何が起こるかわからないからこそ、旅に出る意味がある。それは人生も同じだと一歩には伝えてきた。

またどんなに価値あるモノでも朽ちたり、壊れたり、失ったりする。自分がすべてを失った経験があるからより実感するのだが、モノと違って経験や思い出は永遠に頭や胸に残って宝物になる。だから買い物にお金をかけるのではなく、体験や知識を得ることにお金をかけなさい、と教育してきた。

そして買うなら長く愛せる価値あるモノを、と教えた。九州ツーリングで使ったクロスバイクを一歩はいまだに乗り続けている。身長があまり伸びなかったということもあるけど、小学校から中学校、高校、大学、そして社会人まで1台の自転車に乗り続けていることが一歩のプチ自慢であり、父の誇りでもある。


僕がしてきた旅は子供の成長に役立ったとは思っているが、それを目的に旅をしたわけでもない。自分が子供と旅をしたかっただけなのだ。でも楽しんでいる親の姿を目にすれば、子供も幸せでいられる。そう信じて僕はいつの時代も全力で一歩と旅をしてきたつもりだ。

いつも快く旅に送り出してくれた妻に、心から感謝する。
僕はまだまだ全力で体を張って旅を続ける。
いつの日か、孫連れバックパッカーになる姿を夢見て。

２０２０年　冬

八ヶ岳山麓の自宅にて　斉藤政喜

初出一覧

第1章　はじめての親子旅
・四国・関西をめぐる列車の旅と親子ヒッチハイク
・熊野古道ではじめてのバックパッキングの旅
……『シェルパ斉藤の行きあたりばっ旅5』（小学館文庫）収載

第2章　九州縦断自転車ツーリング
……『BE-PAL』（小学館）2005年3月号／4月号

第3章　ニッポンの山をバックパッキング
・山小屋泊の残雪期八ヶ岳登山
……『BE-PAL』（小学館）2006年7月号
・アメリカの高校生と上高地涸沢トレッキング
……『BE-PAL』（小学館）2007年10月号

第4章　50ccのカブで信州ツーリング
……『シェルパ斉藤のリッター60㎞で行く！　日本全国スーパーカブの旅』
（小学館）収載

第5章　被災地をつなぐ長い一本道を歩く
……『BE-PAL』（小学館）2016年7月号／8月号
〔特別寄稿〕24歳、遠くの春、巡礼への旅立ち
……『WILDERNESS』（エイ出版）2017年№7

第6章　30年目のネパールMTBツーリング
……『BE-PAL』（小学館）2020年1月号／2月号
・父親とネパールMTBツーリング
……書き下ろし

＊収録にあたり改題し加筆しました。
＊本文中の情報は初出時のものです。

斉藤政喜（さいとう・まさき）
1961年生まれ。紀行作家。揚子江をゴムボートで下ったことがきっかけで、フリーランスの物書きになる。アウトドア雑誌BE-PALでバックパッキングや自転車、オートバイ、ヒッチハイク、耕運機、犬連れなど、自由な旅の連載を30年以上続けている。1995年に八ヶ岳山麓に移住。踏破した国内外のトレイルは60本以上、泊まった山小屋は130軒以上、テント泊は1000回以上。『行きあたりばっ旅』『世界10大トレイル紀行』『犬連れバックパッカー』『東方見便録』『遊歩見聞録』など、著書多数。

わたしの旅ブックス
028

シェルパ斉藤の親子旅20年物語

2021年2月16日　第1刷発行

著者――――斉藤政喜

ブックデザイン―松田行正、杉本聖士

地図作成――山本祥子（産業編集センター）

編集――――佐々木勇志（産業編集センター）

発行所―――株式会社産業編集センター
〒112-0011
東京都文京区千石4-39-17
TEL 03-5395-6133　FAX 03-5395-5320
http://www.shc.co.jp/book

印刷・製本 ――株式会社シナノパブリッシングプレス

ISBN978-4-86311-286-5 C0026